Tobias Schnaudt

Wie funktioniert Marketing für die LGBTIQ+ Community?

Maßnahmen für ein erfolgreiches Diversity Management in Unternehmen

Bibliografische Information der Deutschen Nationalbibliothek:

Die Deutsche Nationalbibliothek verzeichnet diese Publikation in der Deutschen Nationalbibliografie; detaillierte bibliografische Daten sind im Internet über http://dnb.d-nb.de abrufbar.

Impressum:

Copyright © Science Factory 2021

Ein Imprint der GRIN Publishing GmbH, München

Druck und Bindung: Books on Demand GmbH, Norderstedt, Germany

Covergestaltung: GRIN Publishing GmbH

Zusammenfassung

Diese Bachelorarbeit beschäftigt sich mit dem Thema: „Soziökonomische Einflüsse im heutigen Marketing: Welchen Stellenwert hat die LGBTIQ+ Community auf Unternehmen und deren Marketingstrategie?"

Hierzu wird im ersten Kapitel zuerst mit einer Einleitung begonnen, in der beschrieben wird, wie sich das Familienbild ändert und das die LGBTIQ+ Community immer mehr in den Fokus der Marketingmaßnahmen von Unternehmen rückt. In diesem Kapitel werden ebenfalls die Problemstellung, Zielsetzung und Aufbau der Arbeit beschrieben. Das zweite Kapitel widmet sich der Historie der LGBTIQ+ Community, es wird definiert das LGBTIQ für Lesbians, Gays, Bisexuals, Transgender, Intersexuals und Queer steht. Betrachtet wird auch der Umgang mit Homosexualität in der Vergangenheit, im Nationalsozialismus und wie aus einem Aufstand in einer amerikanischen Bar zur jetzigen LGBTIQ+ Bewegung geführt hat und wieso der Regenbogen als Symbol für eben diese Bewegung steht. Um den Bezug zum Marketing herzustellen beschäftigt sich das dritte Kapitel mit der Definition des Begriffs Marketing, aber auch mit den verschiedenen Phasen des Marketings von den 1950er Jahren bis heute. Dabei werden Phasen wie zum Beispiel die verkaufsorientierte und Marktorientierte Phase genauer untersucht. Verschiedene Formen des Marketings wie Online- und Social-Media-Marketing schließen dieses Kapitel ab. Das vierte Kapitel betrachtet den Marketing-Mix und beschreibt die „4P's" Product, Price, Place und Promotion genauer. Diversity ist das Hauptthema des fünften Kapitels. Es wird beschrieben, was Diversity bedeutet, wo es herkommt und was Diversity Management im Unternehmen bedeutet. Darüber hinaus betrachtet ein Abschnitt in diesem Kapitel die sexuelle Orientierung und Identität im Unternehmen und um was es sich handelt, wenn man von Diversity-Marketing spricht. Abschließend beschreibt der letzte Abschnitt dieses Kapitels, wie sich homophobe Unternehmensführung auf das Unternehmensimage auswirkt, anhand des Konzerns Barilla. Das sechste Kapitel beschreibt verschiedene Marketingmaßnahmen, die Unternehmen ergreifen, um die LGBTIQ+ Community zu erreichen, dazugehört zum Beispiel TV- oder Social Media-Werbung. Die Maßnahmen werden anhand von Fallbeispielen erklärt. Für ein besseres Verständnis wird in diesem Kapitel ebenfalls erklärt, wieso man Zielgruppen definieren muss, und wie Werbung vom Endverbraucher wahrgenommen wird. Das siebte Kapitel beantwortet die Frage, wie sich LGBTIQ+ Marketingmaßnahmen auf das Unternehmensimage auswirken, aber auch wie eben solche Maßnahmen von der Community wahrgenommen werden.

Im letzten Kapitel wird die Arbeit im Fazit zusammengefasst. Wenn man dazu die Fragestellung am Anfang dieser Zusammenfassung anschaut, kann gesagt werden, dass die Community enormen Einfluss auf Unternehmen hat, nicht nur im Bereich Marketing, sondern auch in der Unternehmensführung.

Summary

This bachelor's thesis deals with the topic: "Socio-economic influences in today's marketing: What is the value of the LGBTIQ+ community to companies and their marketing strategy?

To this end, the first chapter begins with an introduction describing how the basic idea of the family is changing and that the LGBTIQ+ community is increasingly becoming the focus of companies' marketing activities. This chapter also describes the problem definition, objectives and structure of the work. The second chapter is dedicated to the history of the LGBTIQ+ community, it is defined that LGBTIQ stands for lesbians, gays, bisexuals, transgender, intersexual and queer. It also explores how homosexuality was dealt with in the past, under the National Socialism and how a riot in an American bar led to the current LGBTIQ+ movement and finally why the rainbow is a symbol for this movement. In order to establish a connection to marketing, the third chapter deals with the definition of the term marketing, but also with the different phases of marketing from the 1950s until today. Thereby, phases such as the sales-oriented and market-oriented phases are examined more closely. Different forms of marketing such as online and social media marketing complete this chapter. The fourth chapter looks at the marketing mix and describes the "4P's" Product, Price, Place and Promotion in more detail. Diversity is the main topic of the fifth chapter. It describes what diversity means, where it comes from and what diversity management in the company stands for. In addition, a section in this chapter looks at sexual orientation and identity in the company and what it is about when we talk about diversity marketing. Finally, the last section of this chapter describes how homophobic management affects the corporate image, using the Barilla Group as an example. The sixth chapter describes various marketing measures that companies take to reach the LGBTIQ+ community, including TV or social media advertising. The measures are explained using case studies. For a better understanding, this chapter also explains why target groups need to be defined and how advertising is perceived by the consumer. The seventh chapter answers the question of how LGBTIQ+ marketing measures affect the corporate image, but also how such measures are perceived by the community.

The final chapter summarizes the work in the conclusion. If you look at the question at the beginning of this summary, it can be said that the community has an enormous influence on companies, not only in the area of marketing, but also in corporate management.

Inhaltsverzeichnis

Zusammenfassung III

Summary V

Abbildungsverzeichnis VIII

1 Einleitung 1
   1.1 Problemstellung und Zielsetzung der Arbeit 1
   1.2 Aufbau der Arbeit 2

2 Historie der LGBTIQ+ Community 4
   2.1 Definition des Begriffs LGBTIQ+ Community 4
   2.2 Homosexualität in der Vergangenheit 7
   2.3 Die Entstehung der LGBTIQ+ Community 8
   2.4 Der Regenbogen als Zeichen der LGBTIQ+ Community 9

3 Definition, Phasen und Formen des Marketings 10
   3.1 Phasen des Marketings von den 1950er bis heute 10
   3.2 Formen des Marketings 13

4 Der Marketing-Mix 16
   4.1 Produktpolitik 16
   4.2 Preispolitik 17
   4.3 Distributionspolitik 18
   4.4 Kommunikationspolitik 19

5 Diversity 20
   5.1 Was ist Diversity? 20
   5.2 Herkunft des Diversity Managements 21
   5.3 Diversity Management in Unternehmen 21
   5.4 Sexuelle Orientierung und Identität im Unternehmen 23
   5.5 Diversity Marketing 24
   5.6 Imageverlust durch homophobe Unternehmensführung 25

6 Marketingmaßnahmen bezogen auf die Community ... 27

6.1 Definition von Zielgruppen ... 27
6.2 Wahrnehmung von Werbung ... 30
6.3 Marketingmaßnahme: Events ... 32
6.4 Marketingmaßnahme: TV-Werbung ... 33
6.5 Marketingmaßnahme: Social Media-Werbung ... 35
6.6 Marketingmaßnahme: Plakatwerbung ... 37
6.7 Pinkwashing und Queerbaiting ... 39

7 Wirkung von Marketingmaßnahmen auf Community und Unternehmen ... 42

7.1 Einfluss von LGBTIQ+ Marketingmaßnahmen auf das Unternehmensimage ... 42
7.2 Wahrnehmung von Marketingmaßnahmen in der Community ... 43

8 Fazit ... 45

Literaturverzeichnis ... 47

Abbildungsverzeichnis

Abb. 1: LGBTIQ+ Logo Deutsche Telekom AG 33

Abb. 2: Ausschnitt Holger und Max – Iglo Werbung aus 2001 34

Abb. 3: My Pride My Beauty 36

Abb. 4: Absolut Rainbow Flag Edition 38

Abb. 5: Nivea Creme Rainbow Edition 40

1 Einleitung

Die Gesellschaft ist ständig im Wandel. Die Geschlechterrollen verändern sich. War früher der Mann für das Einkommen der Familie verantwortlich und die Frau für den Haushalt und die Erziehung der Kinder zuständig, so hat sich dieses Verhalten geändert. Die Gleichberechtigung der Geschlechter hält Einzug in den deutschen Haushalt. Beide Elternteile gehen arbeiten und teilen Haushalt und Kindererziehung untereinander auf.[1] Auch Lebensentwürfe, die von der klassischen Frau-Mann-Beziehung abweichen, werden häufiger offen ausgelebt und von der Gesellschaft oftmals akzeptiert.[2]

Unausweichlich ist daher der Fakt, dass der Regenbogen als Zeichen der LGBTIQ+ Community, aus der Unternehmenslandschaft nicht mehr wegzudenken ist. Die Unternehmen haben die LGBTIQ+ Community als rentable Zielgruppe entdeckt und erhoffen sich das große Geschäft.[3] Seit Jahren herrscht ein harter Wettbewerb um das bunte Klientel, da viele Studien der Community eine überdurchschnittliche hohes Einkommen attestiert wird. Als Grund hierfür wird der Aspekt genannt, dass viele homosexuelle Paare ein doppeltes Einkommen besitzen, aber keine Ausgaben durch Kinder und die dazugehörigen Kosten haben.[4] Man geht allein in Deutschland von einer Kaufkraft bis zu 100 Milliarden Euro aus. Dabei sind die Ausgaben in den Bereichen Reisen und Lifestyle überdurchschnittlich ausgeprägt.[5]

1.1 Problemstellung und Zielsetzung der Arbeit

Um die LGBTIQ+ Community zu erreichen, müssen Unternehmen ihre Marketingstrategie anpassen. Die Unternehmen müssen ihre Marke oder Produkte in den Köpfen der Zielgruppe verankern, so dass die Produkte aus Gewohnheit aber auch mit guten Gewissen gekauft werden können. Das Problem hierbei ist, dass einige Unternehmen „Pinkwashing" betreiben und so versuchen ihre Produkte an die Zielgruppe zu verkaufen ohne aber an den Grundsatz der Vielfalt der LGBTIQ+ Community zu glauben.[6] Dieses Thema wird im Laufe dieser Arbeit tiefer beleuchtet. Die Frage ist nun, welche Maßnahmen müssen Unternehmen ergreifen, um in der

---

[1] Vgl. Süd Westdeutscher Rundfunk [2015], o.S.
[2] Vgl. Springer Professional [2014], o.S.
[3] Vgl. Handelsblatt [2019], o.S.
[4] Vgl. Handelsblatt [2019], o.S.
[5] Vgl. Tagesspiegel [2016], o.S.
[6] Vgl. Frankfurter Allgemeine Zeitung [2019], o.S.

Community sichtbar zu werden und Produkte zu verkaufen. Wie erkennt man, ob ein Unternehmen Vielfalt wirklich lebt, oder einfach nur auf einen Zug aufspringt, um möglichst hohe Gewinne zu erzielen. Ein wichtiger Begriff hierbei ist Diversity, welche in dieser Arbeit ebenfalls noch genauer betrachtet wird.

Marketingmaßnahmen haben oft einen großen Einfluss auf das Image eines Unternehmens. Viele Unternehmen setzen daher immer stärker auf Maßnahmen, welche Bezug zur LGBTIQ+ Community aufweisen, um so das eigene Unternehmensimage zu verbessern.[7] Welche Maßnahmen Unternehmen für eine Verbesserung ergreifen, untersucht diese Arbeit im weiteren Verlauf.

Die Zielsetzung dieser Arbeit ist es, aufzuzeigen, welchen Stellenwert die LGBTIQ+ Community auf Marketingentscheidungen innerhalb der Unternehmen hat. Welchen Einfluss hat die Community auf das Image eines Unternehmens, welche Rolle spielt Diversity inner- und außerhalb des Unternehmens. Die Arbeit soll zeigen, welche Maßnahmen Unternehmen ergreifen, um in der Community sichtbar zu werden, aber auch, ob diese Maßnahmen von der Community überhaupt angenommen werden.

1.2 Aufbau der Arbeit

Im ersten Kapitel dieser Arbeit wird die Historie der LGBTIQ+ Community betrachtet. Wann startete der erste Christopher-Street-Day, für was steht dieser? Was bedeutet LGBTIQ+ überhaupt und wie hat sich die Community bis heute entwickelt. Das zweite Kapitel beschäftigt sich mit den Definitionen von Marketing. Hierzu werden die verschiedenen Phasen des Marketings betrachtet. Angefangen von den 1950er Jahren bis heute. Dazu zählen Phasen der Produktions-, Verkaufs-, Markt-, Wettbewerbs-, Umwelt-, Beziehungs- und Netzwerkorientierung. Abschließend betrachtet das Kapitel verschiedene Formen des Marketings. Der Marketing Mix mit den Bereichen Produkt-, Preis-, Distributions- und Kommunikationspolitik wird im dritten Kapitel genauer betrachtet. Nachdem der Marketing-Mix beschrieben wurde, widmet sich die Arbeit mit Thema Diversity. Es werde die Fragen geklärt, was Diversity ist und wo das Diversity Management ursprünglich herkommt. Welche Rolle spielt die sexuelle Orientierung in Unternehmen, was versteht man unter Diversity Marketing und wie kann homophobe Unternehmensführung das Unternehmensimage beschädigen. Welche Maßnahmen Unternehmen ergreifen, um in

---

[7] Springer Professional [2014], o.S.

der Community sichtbar zu werden, werden im anschließenden Kapitel untersucht. Dafür werden Maßnahmen wie Events, TV Werbung, Social Media Werbung und Außenwerbung anhand von Beispielen beschrieben. Darüber hinaus beschäftigt sich das Kapitel mit der Definition von Zielgruppen und der Wahrnehmung von Werbung.

Das vorletzte Kapitel untersucht die Wirkung von LGBTIQ+ Marketingmaßnahmen auf die Community aber auch auf Unternehmen. Wie werden Marketingmaßnahmen von der Community wahrgenommen und welchen Einfluss haben LGBTIQ+ Werbemaßnahmen auf der Image der werbetreibenden Unternehmen. Diese beiden Fragestellungen stellen den Hauptteil dieses Kapitels dar. Das Fazit bildet das abschließende Kapitel dieser Arbeit.

2 Historie der LGBTIQ+ Community

Dieses Kapitel beschäftigt sich mit der Geschichte der LGBTIQ+ Community. Von der Antike, bis hin zur heutigen Zeit. Darüber hinaus wird der Begriff „LGBTIQ+" näher betrachtet und erklärt, was sich hinter dieser Abkürzung. Ein wichtiger Meilenstein der Community, waren die Stonewall-Proteste in New York City, mit diesen sich dieses Kapitel ebenfalls beschäftigen wird.

2.1 Definition des Begriffs LGBTIQ+ Community

Die Abkürzung kommt aus dem Englischen und steht für: Lesbian, Gay, Bisexual, Transsexual, Intersexual und Queer. Das „+" steht für alle weiteren Sexualitäten, welche nicht aufgelistet sind, um somit niemanden auszugrenzen.[8] Community kommt ebenfalls aus dem Englischen und bedeutet Gemeinschaft. Man spricht hier also von einer Gemeinschaft, in der alle Sexualitäten willkommen sind und niemand ausgeschlossen wird. Die aktuellste Erweiterung von LGBT lautet LGBTQQIP2SAA und steht im Englischen für Lesbian, Gay, Bisexual, Trans, Queer, Questioning, Intersex, Pansexual, Two-Spirit, Asexual, Aromantic.[9] Außerhalb der Community spricht man in der Regel von der LGBT Community, da alle weiteren Buchstaben oftmals für Verwirrung, bei nicht betroffenen Personenkreisen, sorgen.[10] Im den nachfolgenden Abschnitten werden die bereits erwähnten Sexualitäten des Kürzels LGBTIQ genauer betrachtet und beschrieben.

2.1.1 L steht für „Lesbians"

Mit Lesbians sind lesbische Frauen gemeint – also Frauen, die Frauen begehren, lieben und meist Sex mit Frauen haben. Man nennt diese Frauen auch Homosexuelle oder Lesben. Das Wort „lesbisch" stammt von der griechischen Insel Lesbos auf der im 6. Jahrhundert vor Christus die Dichterin Sapphos lebte und von liebe zwischen zwei Frauen schrieb.[11]

---

[8] Vgl. Süddeutsche Zeitung [2016], o.S.
[9] Vgl. Sticks and Stones [2017], o.S.
[10] Vgl. Queeraltern [2016], o.S.
[11] Vgl. ebd.

2.1.2 G steht für „Gays"

Das Wort Gay kommt ebenfalls aus dem Englischen und wird im Deutschen mit „schwul" übersetzt. Schwule Männer fühlen sich zu anderen Männern hingezogen und haben vorwiegend Geschlechtsverkehr mit dem eigenen Geschlecht. Gay bedeutet im Englischen eigentlichen „fröhlich" und bezieht sich auf den ausschweifenden Lebensstil vieler homosexueller Menschen. Spricht man zum Beispiel von „gay people" sind in diesem Zusammenhang homosexuelle Frauen und Männer gemeint. Im Deutschen bedeutet schwul ursprünglich „schwierig" und wird häufig noch als Schimpfwort eingesetzt.[12]

2.1.3 B steht für „Bisexuals"

Bisexuelle Frauen und Männer fühlen sich sowohl Frauen als auch Männern emotional und sexuell hingezogen. Sie verlieben sich in beide Geschlechter und gehen auch mit beiden Geschlechtern Partnerschaften ein.[13]

2.1.4 T steht für „Transgender"

Bei Transgender spricht man von Menschen, die sich nicht dem Geschlecht zugehörigen fühlen, mit dem sie geboren wurden. Transgender Personen wollen sich aber nicht zwangsläufig einer geschlechtsangleichenden Operation unterziehen. Manche verspüren den Wunsch innerhalb des Systems eindeutig als Frau oder Mann zugeordnet zu werden. Andere wiederum wollen weder männlich noch weiblich sein, oder beides zusammen. Sie wählen daher das dritte Geschlecht „divers".[14]

Transsexuelle Personen wollen hingegen über das gelebte Geschlecht identifiziert werden. Sie fühlen sich oft in ihrem angeborenen Geschlecht fremd und lassen geschlechtsangleichende Operationen über sich ergehen oder beginnen eine Hormon-Therapie, um das andere, gelebte Geschlecht so gut wie möglich annehmen zu können.[15] Bei solchen Menschen spricht man von Transfrauen und Transmännern. Transfrauen sind Frauen, welche in einem männlichen Körper geboren wurden. Entsprechend sind Transmänner Männer, die in einem weiblich Körper geboren

---

[12] Vgl. Queeraltern [2016], o.S.
[13] Vgl. Stadt Wien [o.J.], o.S.
[14] Vgl. Süddeutsche Zeitung [2016], o.S.
[15] Vgl. ebd.

wurden.[16] Transgender Personen oder Transsexuelle sind nicht mit Transvestiten oder Drag Queens/Kings zu verwechseln. Transvestiten schlüpfen gerne in Kleidung des anderes Geschlechts, sie parodieren Prominente und machen daraus eine Show. Transvestiten sind auch nicht immer homosexuell und wollen das Geschlecht nicht auf Dauer ändern. Drag Queens und Drag Kings sind ebenfalls Künstler, bleiben ihrer Rolle allerdings treu. Sie bauen sich eine eigene zweite Identität auf, die meist lauter, schriller und extravaganter wirkt, als die Person unter der Perücke. Auch hier sind die Drags nicht zwangsläufig homosexuell.[17]

2.1.5 I steht für „Intersexuals"

Bei intersexuellen Menschen können nach der Geburt nicht eindeutig dem weiblichen oder männlichen Geschlecht zugeordnet werden. Es ist möglich das beim Heranwachsen der Person, sich ein Geschlecht deutlicher entwickelt als das andere. In der Vergangenheit haben Eltern selbstständig entschieden, welches Geschlecht ihr Kind haben soll. Sie haben Hormone verabreicht oder sogar geschlechtsangleichende Operationen durchführen lassen. Dies ist in der heutigen Zeit in der westlichen Welt oftmals keine Praxis mehr. Eltern und Ärzte warten ab, bis das Kind selbst entscheiden kann, welchen Weg es gehen möchte. Erst danach wird über weitere Maßnahmen zusammen mit dem Kind entschieden.[18]

2.1.6 Q steht für „Queers"

Queer wurde früher im englischsprachigen Raum als Schimpfwort für Lesben und Schwule verwendet, weil sie sich nicht der Norm anpassen. Die Community hat sich diesen Begriff angenommen und ihn in etwas positives umgewandelt. Man kann den Begriff zum Beispiel verwenden, wenn man sich in eine Person verliebt, die sich selbst weder als weiblich noch als männlich identifiziert. Oftmals wird der Begriff auch verwendet, um alle Personen zu beschreiben die nicht heterosexuell und/oder transsexuell sind. Es ist ein Synonym für LGBT, mit dem Unterschied das darüber hinaus versucht wird noch mehr Menschen, mit verschiedenen Sexualitäten einzuschließen.[19] Zu diesen Sexualitäten gehören zum Beispiel die Pansexualität und Asexualität. Pansexuelle Personen ist nach enger Begriffsauslegung eine sexuelle Orientierung, bei der bei partnerschaftlichen und sexuellen Beziehungen die

---

[16] Vgl. ebd.
[17] Vgl. The Converstion [2018], o.S.
[18] Vgl. Queeraltern [2016], o.S.
[19] Vgl. Rainbowfeelings [2019], o.S.

Geschlechtergrenzen überschritten werden. Ein Mensch ist demnach pansexuell, wenn er einen Menschen findet, mit dem grundsätzliche eine partnerschaftliche oder sexuelle Beziehung möglich ist. Pansexuelle achten bei der betreffenden Person nicht darauf ein Mann, eine Frau, ein Zwitter oder ein transsexueller Mensch ist.[20] Asexuelle Personen verzichten komplett auch sexueller Interaktion mit anderen Menschen. Ihnen fehlt das Verlangen sexueller Interaktion, beziehungsweise der Mangel an sexueller Anziehung. Allerdings entsteht bei diesem Personenkreis kein Leidensdruck. Sie vermissen sexuelle Interaktionen damit auf keiner Weise.[21]

Damit ist in dieser Arbeit der Abschnitt der Definition von LGBTIQ abgeschlossen. In den nächsten Abschnitten dieses Kapitels wird die Entstehung der LGBTIQ Community genauer betrachtet und es wird erklärt, wieso der Regenbogen eine so bedeutende Rolle in der Community spielt und für was die verschiedenen Farben des Regenbogens innerhalb der Community stehen.

2.2 Homosexualität in der Vergangenheit

Es gibt Hinweise darauf, dass bereits in der Antike gleichgeschlechtliche, und damit homosexuelle, Liebe gegeben hat. Es sind Vasen aufgetaucht, die den sexuellen Akt zwischen zwei Männern auf Bildern festhalten. Auch verschiedene Gedichte thematisieren dieses Thema.[22] Ein weiterer Hinweis darauf, dass Homosexualität in der Antike keinen Tabubruch darstellte ist die Tatsache, dass es 378 vor Christus eine Armee gab, die aus 300 Männern bestand, die ausschließlich homosexuell waren. Begründet wurde diese Aufstellung der Armee damit, dass Männer im Beisein ihrer Liebsten mehr Kampfbereitschaft zeigen und dass im Trauerfall keine alleinstehende Familie hinterlassen wird.[23] Je mehr Einfluss das Christentum auf der Welt Einfluss nahm, desto mehr wurden vor allem in Europa Homosexuelle zu Außenseitern. Im Mittelalter stand die gleichgeschlechtliche Sexualbeziehung unter der Todesstrafe. Verurteilte Homosexuelle wurden häufig auf dem Scheiterhaufen verbrannt.[24]

---

[20] Vgl. Pansexuell.de [o.J.], o.S.
[21] Vgl. Deutschlandfunk Kultur [2017], o.S.
[22] Vgl. Planet-Wissen [2020], o.S.
[23] Vgl. ebd.
[24] Vgl. ebd.

Im Laufe der nächsten Jahrhunderte änderte sich nicht viel für Homosexuelle Menschen. Sie mussten weiter im Verborgenen leben und lieben, um ihr Leben nicht zu verlieren. Im deutschen Kaiserreich wurde am 01. Januar 1872 der Paragraf 175 eingeführt. Mit diesem wurde festgeschrieben, dass homosexuelle Männer mit Gefängnis bestraft werden, oder sogar bürgerliche Ehrenrechte aberkannt bekommen können.[25] Dieser Paragraf wurde Anfang des 20. Jahrhunderts im Nationalsozialismus verschärft. Der Begriff „widernatürlich" welcher vorher Bestandteil des Paragrafen warm wurde entfernt. Somit hatten Juristen mehr Spielraum, um Männer wegen vermeintlicher homosexueller Handlungen anzuklagen. Die Höchststrafe wurde zugleich auf fünf Jahre erhöht.[26] Erst im Jahr 1994 wurde der Paragraf vom Deutschen Bundestag aus dem Strafgesetzbuch gestrichen, um die Gleichstellung homosexueller und heterosexueller Menschen voranzubringen.[27]

2.3 Die Entstehung der LGBTIQ+ Community

Die Community spricht vom 27. Juni 1969 als Geburtsstunde der LGBT-Bewegung. In dieser Zeit zählten sich küssende homosexuelle Frauen und Männer noch zu einem öffentlichen Ärgernis. Dazu gehörten auch Menschen, die Kleidung trugen, die nicht ihrem eigenem Geschlecht entsprach.[28]

Eine Polizeirazzia im New Yorker „Stonewall Inn", ein Lokal für schwule, lesbische und transsexuelle Menschen, führte zu einem gewaltsamen Aufstand, welche in die Geschichte als der Beginn der jetzigen Lesben- und Schwulenbewegung einging.[29] Die Gäste des „Stonewall Inn" wollten sich die willkürliche Polizeigewalt nicht mehr unterwerfen und ließen ihrer Wut freien Lauf. Es wurden Steine, Mülltonnen und brennende Gegenstände geworfen. Der gesamte Aufstand war gewalttätig auf beiden Seiten und dauerte sechs Tage. Mehrere Tausend Menschen waren beteiligt und das mediale Interesse war enorm.[30]

Zum ersten Jahrestag der Aufstände, sollte wieder demonstriert werden, diesmal voller Freude, Farbe und Liebe. 4.000 Homosexuelle trafen sich auf der Christopher Street, am „Stonewall Inn" und bildeten damit den „Gay Freedom Day" der sich

---

[25] Vgl. Zeit Online [2014], S.2.
[26] Vgl. ebd.
[27] Vgl. ebd.
[28] Vgl. Deutschlandfunk Kultur [2020], o.S.
[29] Vgl. ebd.
[30] Vgl. Planet-Wissen [2020], o.S.

später zum Christopher Street Day, kurz CSD entwickelte. Diese Demonstration soll auf die Missstände aller nicht-heterosexuellen Menschen aufmerksam machen und wird mittlerweile weltweit laut, bunt, fröhlich aber vor allem gewaltfrei durchgeführt.[31]

2.4 Der Regenbogen als Zeichen der LGBTIQ+ Community

Wie in der Einleitung bereits erwähnt, nutzen viele Unternehmen den Regenbogen, um ihre persönliche Diversität zu zeigen, aber auch um Produkte in der Community optimaler verkaufen zu können. Der Grund liegt auf der Hand: Der Regenbogen ist das Symbol für die LGBTIQ+ Gemeinschaft. Der Regenbogen steht mit seinen vielen Farben für die Vielfalt aller Menschen. Gilbert Baker erschuf aus diesem Grund seine erste Regenbogen-Fahne im Jahr 1978 für den Gay Freedom Day in San Francisco.[32] Die geplante Regenbogenfahne von Gilbert Banker hatte zunächst acht verschiedene Farben. Rot steht als Farbe für das Leben, Orange für die Heilung, Gelb für das Sonnenlicht, Grün für die Natur, Blau für Harmonie, Violett für den Geist, Pink für die Vielfalt der Sexualität und abschließend Türkis für die verschiedenen Künste.[33]

Zu Beginn der Dynastie der Regenbogen-Fahne wurde dieser nur mit den ersten sechs Farben verkauft. Grund hierfür war, dass die Farbe Pink zur der Zeit noch nicht massentauglich hergestellt werden konnte. Da der Regenbogen aber eine gerade Anzahl an Streifen haben sollte, wurde kurzentschlossen auch noch die Farbe Türkis entnommen. Später haben aber wieder beide Farben auf der Regenbogen-Fahne Platz gefunden.[34]

Die Regenbogenfahne der LGBTIQ+ Community lässt sich leicht mit der Pace-Fahne der Friedensbewegung verwechseln. Hier ist der Unterschied, dass sich bei der LGBTIQ+ Community Fahne Rot oben und das Violett unten befindet, dies ist bei der Pace-Fahne direkt umgekehrt. Zusätzlich weißt die Pace-Fahne noch einen hellblauen Regenbogenstreifen auf.[35]

---

[31] Vgl. Deutschlandfunk Kultur [2020], o.S.
[32] Vgl. Bayrischer Rundfunk [2019], o.S.
[33] Vgl. Welt [2017], o.S.
[34] Vgl. ebd.
[35] Vgl. Bayrischer Rundfunk [2019], o.S.

3 Definition, Phasen und Formen des Marketings

Der Begriff „Marketing" lässt sich aus dem Englischen „to go into the market" ableiten. Er wurde bereits Anfang des 20. Jahrhunderts in Deutschland und den Vereinigten Staaten von Amerika verwendet. Aber bereits vor der Einführung des Begriffs zählten marktorientierte Ansätze bereits als ein Teil der Unternehmensführung und wurden in der Unternehmenspraxis angewendet.[36] In dieser Arbeit werden zwei Marketing Definitionen genauer beschrieben. Zum einen eine Definition nach Meffert aus dem Jahr 2000 und eine Definition von Kottler und Bliemel aus dem Jahr 2006.

Nach Meffert bedeutet Marketing:

> „[...] Planung, Koordination und Kontrolle aller auf die aktuellen und potentiellen Märkte ausgerichteten Unternehmensaktivitäten. Durch eine dauerhafte Befriedigung der Kundenbedürfnisse sollen die Unternehmensziele im gesamtwirtschaftlichen Güterversorgungsprozess verwirklicht werden."[37]

Eine weitere Definition kommt von Kottler und Bliemel aus dem Jahr 2006:

> „Marketing ist der Planungs-und Durchführungsprozess der Konzipierung, Preisfindung, Förderung und Verbreitung von Ideen, Waren und Dienstleistungen, um Austauschprozesse zur Zufriedenstellung individueller und organisationaler Ziele herbeizuführen."[38]

Beide Definitionen bringen Marketing in Verbindung mit einem Prozess, der Austausch, Kundenorientierung, Wertschöpfung und Unternehmenserfolg zusammenfasst. Marketing hat beim unternehmerischen Handeln immer den Kunden im Fokus. Ziel soll es sein, die Beziehung zwischen Kunden und Unternehmen zu stärken und so die Position auf dem Markt zu stärken.[39]

3.1 Phasen des Marketings von den 1950er bis heute

Neben den verschiedenen Definitionen von Marketing aus den vergangenen Jahren, hat sich Marketing an sich in den letzten Jahrzehnten geändert und dabei verschiedene Phasen durchlaufen. Dabei hat sich nicht nur die Bedeutung, sondern auch

---

[36] Vgl. Rennhak/ Opresnik [2016], S. 2.
[37] Rennhak/ Opresnik [2016], S. 3.
[38] Rennhak/ Opresnik [2016], S. 3.
[39] Vgl. ebd.

die Denkhaltung kontinuierlich verändert.[40] Bei der Entwicklung des Marketings angefangen in den 1950er Jahren bis heute lassen sich verschiedene Phasen unterscheiden, welche in den folgenden Abschnitten dieses Kapitels genauer betrachtet werden.

3.1.1 Phase der Produktionsorientierung

Diese Phase begann in den 1950er Jahren. Bedingt durch den Zweiten Weltkrieg bestand ein enormer Nachfrageüberhang, welchen es zu befriedigen gab. Am Absatzmarkt herrschten keine Engpässe, welche zu berücksichtigen waren. Daher bestand die Hauptaufgabe darin, die Produktion von allen benötigten Gütern sicherzustellen. Zu dieser Zeit herrschte der typische Verkäufermarkt, in dem jeder Erfolgreich bestehen konnte, so lange er in der Lage war eine Massenproduktion sicherzustellen und damit die Grundbedürfnisse der Kunden zu befriedigen.[41]

3.1.2 Phase der Verkaufsorientierung

Zehn Jahre später in den 1960er Jahren startete die Phase der Verkaufsorientierung. In dieser Zeit verlagerte sich der Engpass von der Produktion hin zum Vertrieb der Unternehmen. Grund hierfür ist die zunehmende internationale Konkurrenz und die stetige Erweiterung des Angebotes verschiedener Produkte. Dies war der Anlass für jedes Unternehmen einen bestmöglich aufgestellten Vertrieb zu etablieren, um sicherzustellen das die Produkte über den Handel die Kunden erreichen. In dieser Zeit wandelten sich die Märkte langsam von Verkäufer- zu Käufermärkten.[42]

3.1.3 Phase der Marktorientierung

In den 1970er Jahren spricht man beim Marketing mittlerweile von einer Marktorientierung. Hintergrund hierfür ist die zunehmende Sättigung der Märkte und der dadurch resultierende Engpass an Konsumenten. Viele Unternehmen begannen daher mit einer differenzierten Marktbearbeitung, um so spezifische Konsumentenbedürfnisse zu befriedigen.[43]

---

[40] Vgl. Bruhn [2014], S. 15.
[41] Vgl. Bruhn [2014], S. 15 f.
[42] Vgl. Bruhn [2014], S. 16.
[43] Vgl. Rennhak/ Opresnik [2016], S. 4.

3.1.4 Phase der Wettbewerbsorientierung

Ab 1980 wurde der Wettbewerb für die Unternehmen immer größer, daher begann sich das Marketing der Unternehmen an eben diesen zu orientieren. Die Marketingaktivitäten der Unternehmen ähnelten sich immer stärker, daher wurde es immer komplizierter sich auf dem Markt gegenüber den anderen Wettbewerbern abzuheben, um so Produkte zu verkaufen. Daher kam dem Marketing die Aufgabe zu, strategische Wettbewerbsvorteile zu erarbeiten, welche dazu dienen sich von anderen Wettbewerbern zu unterscheiden und sich dadurch auf dem Markt durchzusetzen.[44] In diesen Zeiten werden auch erstmals Begrifflichkeiten wie der Unique Selling Point gesprochen, der ein Alleinstellungsmerkmal gegenüber den Wettbewerbern darstellt und somit einen Wettbewerbsvorteil bietet. Um von einem Wettbewerbsvorteil sprechen zu können, sind drei Anforderungen zu erfüllen:

> Kundenwahrnehmung: Die Leistungsvorteile müssen vom Kunden selbst und nicht vom Unternehmen als wesentliches Unterscheidungsmerkmal wahrgenommen werden.

Bedeutsamkeit: Der Unterschied zum Wettbewerber muss beim Kunden als besonders wichtig eingestuft werden und damit eine hohe Kaufrelevanz bieten.

Dauerhaftigkeit: Der Wettbewerbsvorteil muss eine dauerhaft zeitliche Stabilität aufweisen, und darf nicht kurzfristig imitierbar sein.[45]

3.1.5 Phase der Umweltorientierung

Auch „Öko-Marketing" wurde diese Phase in den 1990er genannt. Für die Konsumenten waren umweltverträgliche Produkte und bewusster Handel enorm wichtig. Unternehmen mussten auf diese Konsumentenanforderung eingehen, um sich weiterhin erfolgreich auf dem Markt durchzusetzen.[46] Diese Maßnahmen sind auch heute noch immer sehr aktuell und müssen von den Marketingabteilungen der Unternehmen weiterhin priorisiert werden.

---

[44] Vgl. Bruhn [2014], S. 16.
[45] Vgl. ebd.
[46] Vgl. Rennhak/ Opresnik [2016], S. 4.

3.1.6 Phase der Beziehungsorientierung

Zu Beginn des 21. Jahrhunderts zeichnete sich die Situation in vielen Branchen durch Krisenerscheinungen, volatile Märkte und einer Vielzahl neuer Anforderungen aus. Zudem hat das Bewusstsein zugenommen, zukünftig auf eine Stammkundenorientierung beim Marketing zu achten und ein systemisches Relationship Marketing zu betreiben mit dem Ziel stabile Beziehungen zu den Kunden aufzubauen, bzw. aufrechtzuerhalten.[47]

3.1.7 Phase der Netzwerkorientierung

Ab dem Jahr 2010 ist eine rasante Entwicklung im Bereich der Informations- und Kommunikationstechnologie zu beobachten. Für das Marketing spielt hierbei das Wachstum sozialer Medien, sowie die Entstehung neuer Kommunikationsformen eine besondere Rolle. Konsumenten haben nun Zugriff auf eine unendlich große Informationssammlung und nutzt dazu neue Kommunikationsmöglichkeiten. Diese Neuerungen bieten den Konsumenten eine stärkere Machtposition, auf die das Marketing reagieren und vorbereitet sein muss.[48]

3.2 Formen des Marketings

Man kann bei Marketing nicht nur von einer Form sprechen. Jeder Kommunikationskanal benötigt verschiedene, auf den Kanal abgestimmte Marketingmaßnahmen, um den Konsumenten optimal zu erreichen. Es gibt jedoch eine Vielzahl an Unterformen des Marketing. Um einen Überblick über die wichtigsten Unterformen zu erhalten, werden in diesen Abschnitt des Kapitels fünf Unterformen des Marketing genauer betrachtet. Diese Marketingformen werden auch verwendet, um die LGBTIQ+ Community zu erreichen.

Klassisches Marketing

Wenn man das klassische Marketing betrachtet, geht es darum eine Dienstleistung oder ein Produkt eines Unternehmens auf klassischen Weg dem Konsumenten näherzubringen und eine Kaufabsicht zu wecken. In der Regel arbeitet man in dem Fall mit Flyern, Fernsehwerbung aber auch mit Werbe- und/oder Anzeigetafeln.[49]

---

[47] Vgl. Bruhn [2014], S. 18.
[48] Vgl. Bruhn [2014], S. 18.
[49] Vgl. AlphaJump [o.J.], o.S.

Online-Marketing

Zu dieser Unterform gehören alle Marketingmaßnahmen, die mithilfe des Internets ausgerollt werden. Dazu zählt zum Beispiel die Websitegestaltung, Bannerwerbung auf Drittseiten aber auch das Suchmaschinenmarketing und die Suchmaschinenoptimierung.[50]

Social Media-Marketing

Diese Form des Marketings ist eine Unterform des Online-Marketings und bezieht sich ausschließlich auf Social Media-Plattformen wie Facebook, Instagram oder YouTube. Durch Maßnahmen auf solchen Plattformen, soll das Unternehmen bekannter werden oder auch auf neue Produkte oder Dienstleistungen aufmerksam gemacht werden. Nutzer der Plattformen erhalten so Informationen zum Unternehmen oder Produkt und werden animiert diese zu teilen. Ziel ist es ein Markenimage aufzubauen und die Markenbekanntheit zu steigern.[51]

E-Mail-Marketing

Auch hier findet man wieder eine Unterform des Online-Marketing. Beim E-Mail-Marketing werden Werbebotschaften, oder Informationen zum Unternehmen direkt per E-Mail an potentielle Kunden verschickt. Der Vorteil dieser Form ist, dass mit relativ geringen Kosten viele potentielle Kunden erreicht werden können. Zusätzlich besteht eine hohe Dialogfähigkeit mit dem Kunden.[52]

Interaktives Marketing

Bei dieser Form steht der Kunde direkt im Mittelpunkt der Maßnahme. Er wird aufgefordert aktiv an einer Werbeaktion teilzunehmen. Dies könnte zum Beispiel ein Gewinnspiel oder eine Verlosung sein.[53]

LGBT-Marketing

Diese Form des Marketing ist im Vergleich zu den anderen Formen noch recht neu, aber effektiv. Unter LGBT-Marketing versteht man alle Marketingmaßnahmen, welche sich auf die LGBT-Community beziehen. Bisher liegt der Fokus aber meist noch auf lesbische und schwule Konsumenten. Dies änderte sich aber auch in den letzten

---

[50] Vgl. ebd.
[51] Vgl. ebd.
[52] Vgl. AlphaJump [o.J.], o.S.
[53] Vgl. ebd.

Jahren.[54] Häufig wird auch Sponsoring als Marketingmaßnahme angewandt. In der Regel für LGBT-Organisationen oder -events wie der CSD.[55] LGBT-Marketing bietet aber nicht nur den Vorteil Produkte oder Dienstleitungen zielgruppengerecht zu vermarkten, sondern kann auch als Image-Kampagne verwendet werden, um das Unternehmensimage zu verbessern.[56]

---

[54] Vgl. Halfmann [2014], S. 92 ff.
[55] Vgl. ebd.
[56] Vgl. ebd.

4 Der Marketing-Mix

Der heute bekannte Marketing-Mix wurde in den 50er Jahren zum ersten Mal vom Amerikaner Neil H. Borden vorgestellt und ist seitdem das häufigste verwendete Marketingtool. Die Idee dahinter ist, aus verschiedenen Marketinginstrumenten ein Zusammenspiel zu entwickeln, welches den maximalen Erfolg für ein Unternehmen erzielt.[57] Eine Definition zum Marketing-Mix lautet: „Der Marketing–Mix ist die Kombination aus den Marketinginstrumentarien, die das Unternehmen zur Erreichung seiner Marketingziele auf dem Zielmarkt einsetzt."[58] Es gibt eine Vielzahl an unterschiedlichen Kombinationen, die ein Unternehmen anwenden kann, um die Nachfrage der Produkte oder Dienstleistungen zu steigern. In der Literatur, aber auch in der Praxis haben sich vier Marketinginstrumente durchgesetzt. Da die Idee des Marketing-Mix aus Amerika stammt, werden diese vier Marketinginstrumente auch als die „4Ps" bezeichnet.[59] Diese Bezeichnung bezieht sich auf die Begriffe Product, Price, Promotion und Place. Wenn man diese Begriffe ins Deutsche übersetzt, spricht man in der Wirtschaft von Produktpolitik, Preispolitik, Distributionspolitik und Kommunikationspolitik.[60]

Die folgenden vier Abschnitte dieses Kapitels, werden die bereits erwähnten strategischen Marketinginstrumente nun genauer betrachten und beschreiben.

4.1 Produktpolitik

Bei der Produktpolitik wird die Gesamtheit aller Produkte und Dienstleitungen betrachtet, welche ein einzelnes Unternehmen auf dem Markt anbietet.[61] Unternehmen müssen sich die Frage stellen, welche Leistungen sie in welcher Menge und zu welcher Zeit auf dem Markt anbieten wollen. Hierzu ist es für Unternehmen unabdingbar eine stetige Analyse, Planung, Umsetzung und Kontrolle bei den Produkten und Dienstleistungen welchen angeboten werden sollen durchzuführen. Wichtig ist, dass sich die so erstellen Angebote für den Markt den Bedürfnissen der Konsumenten anpassen und sich gleichzeitig von den anderen Wettbewerbern abheben.[62]

---

[57] Vgl. Deutsches Institut für Marketing [2017], o.S.
[58] Kottler [1999], S. 141.
[59] Vgl. Kuß [2001], S. 163.
[60] Vgl. Kottler [1999], S.141.
[61] Vgl. Kottler [1999], S.139.
[62] Vgl. ebd.

Um diese Voraussetzungen zu erfüllen gibt es einige Faktoren auf die Unternehmen achten müssen. Dazu gehören verschiedene Varianten des Produktes, das Design, die Qualität, die Verpackung, der Name und der Kundendienst.[63]

4.2 Preispolitik

Bei der Preispolitik kann auch von der Preisgestaltung innerhalb eines Unternehmens gesprochen werden. „Unter der Preisgestaltung des Anbieters wird hier die Bemessung desjenigen Gegenwertes verstanden, den der Käufer erbringen muss, um eine in Art und Menge bestimmte Leistung des Anbieters in einem festgelegten Zeitraum zu erwerben."[64] Zur Preispolitik gehört zusätzlich noch die Konditionenpolitik. Diese beschäftigt sich mit Rabatten, Liefer- und Zahlungsbedingungen aber auch mit der Festlegung von Kreditbedingungen.[65] Die Festlegung des Preises setzt eine Preisstrategie voraus. Im Folgenden werden die drei bekanntesten Strategien kurz beschrieben.

Marktabschöpfungsstrategie

Bei dieser Strategie wird bei Markteinführung des Produktes ein hoher Preis angesetzt, um möglichst schnell Gewinn zu erzielen. Damit werden die Konsumenten erreicht, welche zur Zielgruppe der „frühzeitigen Anwendern" gehören, und immer die neusten Produkte besitzen möchten. Im Anschluss werden die Preise immer weiter gesenkt, um andere Zielgruppen anzusprechen.[66]

Marktdurchdringungsstrategie

Im Gegensatz zur Marktabschöpfungsstrategie wird hier bei der Produkteinführung auf einen möglichst tiefen Einführungspreis geachtet. Ziel dieser Strategie ist es möglichst innerhalb kürzester Zeit einen hohen Marktanteil zu erreichen, um so im Anschluss den Markt mit weiteren Produkten im gesamten Umfang zu erschließen.[67]

---

[63] Vgl. Kottler [1999], S.140.
[64] Steffenhagen [2000], S. 151.
[65] Vgl. Kolter [1999], S.636.
[66] Vgl. Lokad [2015], o.S.
[67] Vgl. Wirtschaftslexikon24 [o.J.], o.S.

Preiswettbewerbsstrategie

Diese Strategie ist ähnlich der Marktabschöpfungsstrategie, da sich der Preis im Laufe der Zeit ändert. Es gibt hier drei verschiedene Kategorien. Der Preisführer hat den höchsten Preis aber auch den höchsten Marktanteil. Der Preisfolger folgen dem Preisführer und passen die Preise diesem an, bleiben aber immer etwas unterhalb des Höchstpreises. Der Preiskämpfer hat den geringsten Marktpreis und versuchen so, den Wettbewerber zu schwächen und den eigenen Marktanteil zu sichern und zu steigern.[68]

4.3 Distributionspolitik

Bei der Distributionspolitik werden Entscheidung getroffen, welche die Distribution der Produkte und Dienstleitungen eines Unternehmens betreffen. Ziel ist es die Produkte oder Dienstleistungen auf dem besten Weg an den Ort zu kommen, an dem die Konsumenten diese kaufen können. Das Unternehmen muss sich also entscheiden, wie das Produkt möglichst günstig, schnell und in der richtigen Menge zum Kunden kommt und welche Distributionsform dem zugrunde liegt.[69] Es gibt zwei Arten der Distribution, zu einem die physische und zum anderen die akquisitorische Distribution. Die physische Distribution befasst sich mit dem physischen Weg der Produktes vom Unternehmen zum Kunden. Die akquisitorische Distribution beschäftigt sich mit den Absatzmittlern, welche die Produkte zum Kunden bringen.[70] Produkte können dabei auf direkten Weg oder auf indirekten Weg den Kunden erreichen. Der direkte Weg führt vom Unternehmen direkt zum Kunden. Ein Beispiel wäre, wenn ein Kunde die Milch direkt beim Landwirt bezieht. Über einen indirekten Weg spricht man, wenn der Landwirt die Milch an einen Lebensmittelhändler verkauft, bei dem der Kunde dann diese Milch kauft.

---

[68] Vgl. Betriebswirtschaft Lernen [o.J.], o.S.
[69] Vgl. Kuß [2001], S. 253 ff.
[70] Vgl. ebd.

4.4 Kommunikationspolitik

Das Marketinginstrument Kommunikationspolitik wird Bestandteil des nächsten Kapitels sein, da sich die Arbeit dort mit Maßnahmen beschäftigen wird, die Unternehmen ergreifen, um in der LGBTIQ+ Community an Bekanntheit zugewinnen. Dazu gehören zum Beispiel TV-Werbung, Außenwerbung und Social Media-Werbung.

Zur Kommunikationspolitik gehören neben der bereits erwähnten Werbung auch weitere Elemente wie Verkaufsförderung, Betreuung durch den Außendienst, Öffentlichkeitsarbeit, etc.[71] Ziel dieses Marketinginstrumentes ist es vorrangig die Aufmerksamkeit des Kunden zu wecken und diese dann auch zu erhalten. Es soll das Interesse an dem Produkt oder der Dienstleistung geweckt werden, bis der Kunde den Wunsch verspürt dieses zu kaufen.[72] Werbung kann wie bereits erwähnt auf verschiedenen Wegen den Konsumenten erreichen. Häufig ist sie dabei aufwendig und teuer in der Produktion, bietet aber den Vorteil, dass sie über weiter geographische Grenzen hinweg geschaltet und verteilt werden kann. Dies ermöglicht eine breite Ansprache verschiedener Zielgruppen, welche den Abverkauf von Produkten und Dienstleitungen, aber auch das Marken- bzw. Unternehmensimage steigern kann.[73] Die Betreuung von Kunden durch Außendienstmitarbeitern bringt noch wertvollere Vorteile, als anonyme Werbung. Durch die direkte Betreuung von Kunden kann eine intensive Kundenbeziehung aufgebaut werden, welche dazu führen kann, dass der Kunde eher zufrieden ist, Produkte kauft und diese auch weiterempfiehlt.[74] Die Öffentlichkeitsarbeit bietet ähnliche Vorteile wie der Einsatz von Außendienstmitarbeitern. Auch hier hat das Unternehmen direkte Möglichkeit mit den Kunden ins Gespräch zu kommen. Der Kunde fühlt sich dadurch oft eher wertgeschätzt, als durch eine Werbeanzeige am Straßenrand.[75] Es kann abschließend also gesagt werden, dass Unternehmen viel Zeit und Geld investieren, um eine Beziehung mit dem Kunden aufzubauen, die auf Dauer stabil ist. Zufriedene Kunden bleiben dem Unternehmen treu und kaufen in der Regel weitere Produkte ein. Zusätzlich ist die Pflege von Bestandskunden günstiger als die Akquise neuer Kunden.

---

[71] Vgl. Kottler [1999], S. 687 ff.
[72] Vgl. ebd.
[73] Vgl. ebd.
[74] Vgl. ebd.
[75] Vgl. ebd.

5 Diversity

Es lebe die Vielfalt! Im Zuge der Globalisierung, Demografischen Wandels, Wertewandel wird das Bild des Menschen bunter und vielfältiger. Viele verschiedene Kulturen, Glaubensgemeinschaften, Sexualitäten, Altersstrukturen und unterschiedliche Lebensweisen treffen heutzutage aufeinander und agieren miteinander.[76]

5.1 Was ist Diversity?

Diversity lässt sich mit Verschiedenheit, Ungleichheit, Andersartigkeit, Heterogenität, Individualität oder auch Vielfalt übersetzen.[77] Zur Bestimmung des Begriffs können zwei Varianten unterschieden werden: *Vielfalt als Unterschiede* bzw. *Vielfalt als Unterschiede und Gemeinsamkeiten.* [78] Diversity wird auch als Synonym für Unterschiedlichkeit oder Differenz verwendet.[79] Im Allgemeinen beschreibt Diversity die Existenz von vielfältigen Persönlichkeiten und Lebensstilen. Sie umfasst sowohl sichtbare als auch unsichtbare Merkmale, die individuelle Sichtweisen, Perspektiven, Einstellungen und damit das Handeln von Menschen beeinflussen. Die Unterschiede und Gemeinsamkeiten von Menschen, lassen sich in sechs Kern-Dimensionen bündeln, die am engsten mit der Persönlichkeit eines Individuums verbunden sind. Dazu gehören das Alter, Geschlecht, sexuelle Orientierung, religiöser Glaube, ethnische Herkunft und besondere Bedürfnisse wie z.B. Behinderungen.[80] Im Personal-Management von Unternehmen wird weiterhin zwischen primären und sekundären Dimensionen unterschieden. Die primäre Dimension beinhaltet die sichtbaren Attribute wie Geschlecht, Herkunft und Alter. Unsichtbare Attribute wie Einstellungen und Erfahrungen werden der sekundären Dimension zugeordnet.[81]

Diversity verfolgt das Ziel, diese unterschiedlichen Faktoren und Eigenschaften von Menschen zu berücksichtigen und Potentiale daraus zu gewinnen. Diversity wirkt entgegen einer Stereotypisierung von Individuen.[82]

---

[76] Vgl. Charta der Vielfalt [2016], o.S.
[77] Vgl. Aretz & Hansen [2003], S. 9.
[78] Vgl. Krell [2004], S. 42.
[79] Vgl. Bendl et al. [2012], S.30.
[80] Vgl. Weißbach/ Kipp [2004], o.S.
[81] Vgl. Caspar et al. [2013], o.S.
[82] Vgl. Stuber [2003], S.311.

Ein weiteres, nicht unwesentliches Merkmal von Diversity, beschreibt die Aufgeschlossenheit gegenüber der Vielfältigkeit im zwischenmenschlichen Verhalten und somit in der Kommunikation bzw. im Marketing von Unternehmen.[83]

5.2 Herkunft des Diversity Managements

Bezogen auf Unternehmen oder Organisationen, definiert Diversity die bewusste Toleranz von Vielseitigkeit als auch die Verwendung der Unterschiedlichkeit zur Steigerung eines Unternehmenserfolges.[84] Amerikanische Wirtschaftswissenschaftler haben bereits in den frühen 60-er Jahren, im Zuge der Frauen- und Bürgerrechtsbewegung erkannt, dieses Potential gewinnbringend in betriebswirtschaftliche Abläufe zu integrieren. In den 80-er fand in den USA die Eingliederung dieses Managementkonzeptes statt und wird mittlerweile in über 90 % der Unternehmen gelebt.[85]

In Deutschland gewann das sogenannte „Diversity Management" erst Mitte der 90-er Jahre an Bedeutung und entwickelt sich zu einem wesentlichen Bestandteil in der Unternehmensführung. Besonders im Personalmanagement sorgt die vielfältige Zusammenstellung von Mitarbeitern, wertschätzend und chancengleich für die Steigerung des Unternehmenserfolges.[86]

5.3 Diversity Management in Unternehmen

Während sich das „Diversity Management" auf die reinen wirtschaftlichen und ökonomischen Aspekte bezieht, verfolgt „Managing Diversity" hingegen den Ansatz, die durch die verschiedenen Diversity Dimensionen resultierenden Nachteile für einzelne Mitarbeiter und Mitarbeitergruppen zu vermeiden. Es beinhaltet Regelungen, die eine ungleiche Behandlung von Minderheiten in einem Konzern beseitigen sollen, wie zum Beispiel die Behindertenförderung und die Frauenquote.[87] Die beiden Konzepte sollen jedoch nicht unabhängig voneinander betrachtet werden, im Gegenteil baut das „Diversity Management" auf dem Konzept „Managing Diversity" auf. Gerade für Großkonzerne mit einem internationalen Standorten, Wirkungs-

---

[83] Vgl. Stuber [2003], S.34.
[84] Vgl. Stuber [2003], S.35.
[85] Vgl. Bendl et al. [2012[, S.30.
[86] Vgl. Stuber [2003], S. 31.
[87] Vgl. Becker [2015], S.20-22.

raum sowie internationalen Mitarbeitern ist es absolut notwendig die Vielfalt ihres Personals zu anzuerkennen und wertzuschätzen.[88]

Um Diversity Management genauer zu verstehen, sollte man die drei Paradigmen nach Thomas und Ely mit einbeziehen. Die Paradigmen verstehen sich als Entwicklungsphasen, an denen ein Unternehmen seinen erreichten Entwicklungsstand messen kann.

Die drei Paradigmen sind:

- Das Diskriminierungs- und Fairnessparadigma, bezieht sich rechtliche Grundlagen. Es zielt darauf ab, alle rechtlichen Gegebenheiten in einer Organisation auf diskriminierende Aspekte zu untersuchen und wenn notwendig zu eliminieren. Zu den Aspekten gehören unter anderem die Erfüllung der Frauenquote, die Förderung von Behinderten usw. Durch die Einhaltung und Realisierung dieses Ansatzes kann ein Unternehmen seine Akzeptanz auf dem Arbeitsmarkt erhöhen.

- In dem Zugangs- und Legitimitätsparadigma besteht das Ziel für das Unternehmen darin, seine Wettbewerbsfähigkeit zu steigern. Dies wird durch eine heterogene, vielfältige Mitarbeiterstruktur erreicht. Neue Märkte können durch eine vielschichtige Belegschaft mit z.B. unterschiedlichen kulturellen Hintergründen leichter erschlossen werden. Da Unternehmen mit der Kultur und den Gepflogenheiten eines anderen Landes, einer anderen Kultur und somit einer anderen Zielgruppe besser vertraut sind, können neue Märkte leichter erschlossen werden.

- Die Ziele des Lern- und Effektivitätsparadigma sind der Abbau von Diskriminierung und die Etablierung der Vielfältigkeit. Im Zentrum stehen die Mitarbeiter, die entsprechende Ideen zur Wertschöpfung beitragen. Den Respekt und die Wertschätzung, die die Mitarbeiter dadurch erhalten, steigern die Effektivität und den Innovationsgrad eines Unternehmens. Diese Phase gilt als die höchste Entwicklungsstufe und fördert ein positives Image.[89]

Die vorgestellten Grundlagen des Diversity Managements beziehen sich in erster Linie auf das Image eines Unternehmen. Sie dienen vorrangig dazu, die Unternehmenskultur vielseitig zu beeinflussen und zu verändern. Eine diverse Belegschaft

---

[88] Vgl. Stuber [2003], S. 35.
[89] Vgl. David/ Ely [1996], o.S.

ist jedoch noch kein Garant für den wirtschaftlichen bzw. kommerziellen Mehrwert eines Unternehmens. Nur durch ein im Unternehmen gelebtes Diversity Management entstehen Synergien, die die Produktivität und Effektivität fördern. Diese personelle und kulturelle Vielfalt steigert den wirtschaftlichen Erfolg.

5.4 Sexuelle Orientierung und Identität im Unternehmen

Viele Unternehmen verstehen die sexuelle Orientierung und die sexuelle Identität von Mitarbeitern oft als Privatangelegenheit. Sie wird daher als irrelevant für den Arbeitsalltag abgewertet. Allerdings gehören Gespräche über die Freizeitgestaltung am Wochenende, der kurze Plausch beim gemeinsamen Kaffee oder eine Betriebsveranstaltung bei denen auch die Partner eingeladen sind, zum Berufsalltag. In der Regel wird eine heterosexuelle Partnerschaft bei solchen Ereignissen oder Gesprächen meist als Selbstverständlichkeit angesehen.[90] Laut einer Online - Befragung der Universität Köln im Jahr 2006 an der 2230 Lesben uns Schwule teilgenommen haben, gaben mehr als ein Drittel der Befragen an, dass sie im Vergleich zum Zeitraum vor 10 Jahren, heutzutage offener mit ihrer Sexualität am Arbeitsplatz umgehen können. Dennoch gaben fast zwei Drittel der Teilnehmer an, dass sie ihre Sexualität am Arbeitsplatz verschwiegen hätten. Etwa 50 Prozent der Befragten reden mit keinen oder wenigen Kollegen über ihre sexuelle Identität.[91].

Bildung & Forschung, Telekommunikation und Gesundheitswesen, IT und Reisen gehören zu den fünf Branchen mit der höchsten LGBTQ+-Gleichbehandlung, laut einer Studie, die mit 34 führenden europäischen Industrien durchgeführt wurde. Die Förderung der Vielfalt ist für Unternehmen von entscheidender Bedeutung, da sie viele direkte und greifbare Vorteile hat. Eine weitere Studie, die 366 öffentliche Unternehmen im Jahr 2015 analysierte, hat herausgefunden, dass Unternehmen, die sich für geschlechtsspezifische und ethnische Vielfalt einsetzen mit größerer Wahrscheinlichkeit höhere finanzielle Erträge erwirtschaften, als ihr jeweiliger Branchendurchschnitt[92].

Mehr und mehr Unternehmen stellen heutzutage fest, dass ein transparenter Umgang mit der sexuellen Identität ihrer Mitarbeiter den Rechtfertigungsdruck nimmt und damit viel Motivation und Engagement freisetzt.

---

[90] Vgl. Frankfurter Allgemeine Zeitung [2019], S.2.
[91] Vgl. Frohn [2007], S.5f.
[92] Vgl. Statista [2020], S. 39 f.

Eine aktive Auseinandersetzung mit der sexuellen Orientierung und Identität eröffnet einem Unternehmen zudem den Zugang Zielgruppen, beispielsweise bei der Einbeziehung von sexueller Diversität in Marketingstrategien.[93]

5.5 Diversity Marketing

Ein erfolgreich in die Organisationsstruktur von Unternehmen verankertes sowie gelebtes Diversity Management bildet weiterhin die Grundlage für eine erfolgreiche Unternehmenskommunikation sowie die Werbung des Unternehmens. Denn was für das gesamten Personal-Management gilt, gilt auch für das Marketing Management eines Unternehmens.[94] Eine Vermarktungsstrategie, die die Öffentlichkeit und ihre Diversität glaubwürdig anspricht und auch reflektiert, kann einen großen Mehrwert für ein Unternehmen bieten. Eine stereotypische Darstellung oder eine unbewusste Voreingenommenheit kann jedoch negativ dazu beitragen, dass eine Kommunikationsmaßnahme zu einer sehr geringen Akzeptanz führt oder gar auf Ablehnung bei der Zielgruppe stößt. Im schlimmsten Fall kann dies zu einem enormen Imageschaden und einem Umsatzverlusten für das Unternehmen kommen[95].

Im Amerika der fünfziger Jahre repräsentierten die sogenannten weißen angelsächsischen Protestanten die Mehrheit des Konsumentenmarktes, Unternehmen konnten ihre Vermarktung lediglich auf diese Zielgruppe ausrichten. Einige Unternehmen stellten jedoch fest, dass ein Geschäftspotential auch bei der afroamerikanischen Bevölkerung gegeben war und versuchten ein multikulturelles Marketing zu betreiben.[96] Heutzutage wird die Gesellschaft immer vielfältiger. Wenn die Entwicklungen anhalten, werden die heutigen Minderheiten bald die Mehrheit der Bevölkerung ausmachen. Eine Allgemeine Marktstrategie in vielen Bereichen nicht mehr ihre Wirkung zeigen, so dass Unternehmen angehalten sind, ihre Marketingstrategien zu diversifizieren.

---

[93] Vgl. Frankfurter Allgemeine Zeitung [2019], S.2.
[94] Vgl. Schuster-Zulechner [2016], S. 135.
[95] Vgl. ebd.
[96] Vgl. Marketing Schools [o.J.], o.S.

Das Diversity-Marketing stellt sicher, dass sich alle Arten der Unternehmenskommunikation darauf beziehen, wie die verschiedenen Gruppen angesprochen werden, aber auch über welche Kanäle. Um die Zielgruppe richtig und adäquat anzusprechen, muss ein neuer Marketing-Mix aus verschiedenen Kommunikationsmethoden etabliert werden.

5.6 Imageverlust durch homophobe Unternehmensführung

Wie sehr eine homophobe Unternehmensführung einem Image und dadurch einem ganzen Unternehmen schaden kann, zeigt das Beispiel der Firma Barilla eindrucksvoll. Barilla ist ein Nudel-Imperium mit Hauptsitz in Italien. Von dort wird die Welt mit den verschiedensten Nudelsorten versorgt. Im Jahr 2013 führte Guido Barilla, Teil des Vorstandes, ein Radio-Interview. Im Laufe dessen er sagte: „Ich würde niemals einen Werbespot mit einer homosexuellen Familie drehen, nicht aus Mangel an Respekt, sondern weil wir ihnen nicht zustimmen."[97] Kunden, die diese Meinung nicht teilen sollten, sollten einfach bei einem anderen Hersteller. Darüber hinaus stellte er klar, dass er es nicht für gutheißen könne, wenn gleichgeschlechtliche Paare Kinder adoptieren würden. Dieses Interview sollte weitreichende Konsequenzen für das Unternehmen haben. Weltweit wurde Boykottaufrufe gestartet, viele Prominente meldetet sich zu Wort und unterstützen den Boykott. Die Harvard University verbannte alle Produkte des Unternehmens aus den Mensen. Die Marktanteile des Unternehmens gingen merklich zurück und das Image war zerstört.[98] Es dauerte fünf Jahre und mehrere Millionen Euro, um den Schaden wieder zu beheben. CEO von Barilla, Claudio Colzani, stellte einen Chief Diversity Officer ein, welcher die Rechte homosexueller Beschäftigen überwachen sollte und ernannte ein neues Aufsichtsratsmitglied rein für Diversity-Fragen. Es wurde sich mit LGBTIQ+ Aktivisten getroffen, die das Unternehmen berieten. Auch Guido Barilla entschuldigte sich mehrfach.[99]

---

[97] Stern [2019], o.S.
[98] Vgl. ebd.
[99] Vgl. ebd.

Im Jahr 2018 passierte dann genau das, was Guido Barilla nie wollte. Auf einer Nudel-Weltmeisterschaft präsentierte Barilla Spaghetti mit einen an dem Film Susi und Strolch angelehnte Verpackung, auf der sich ein lesbischen Pärchen eine Nudel teil. Mittlerweile ist Barilla ein Vorreiter was LGBTIQ+ betrifft, es unterstützt LGBTIQ+ Gruppen und Initiativen zum Schutz von transsexuellen Personen.[100]

---

[100] Vgl. ebd.

6 Marketingmaßnahmen bezogen auf die Community

Wie im letzten Kapitel beschrieben ergreifen Unternehmen einige Marketingmaßnahmen, um die vorher definierte Zielgruppe zu erreichen. Zu diesen Zielgruppen gehört auch die LGBTIQ+ Community. Allein im Jahr 2016 wurde die Kaufkraft der Community auf 917 Milliarden Dollar allein in den Vereinigten Statten von Amerika geschätzt.[101] Die Community als Zielgruppe wird wie bereits erwähnt als finanzstark und kauffreudig bezeichnet. Kennzeichnend für die Community sind eine erhöhte Mediennutzung und eine stark vernetzte Gemeinschaft. Wenn Unternehmen gezielt Aktionen und andere Werbemaßnahmen ergreifen, kann die Community flächendeckend und mit wenig Streuverlusten erreicht werden.[102] Wenn man dies zusammenhängend betrachtet, wird verständlich wieso Unternehmen immer mehr auf diese Zielgruppe setzen.

In den folgenden Abschnitten werden Marketingmaßnahmen beschrieben und betrachtet, welche von Unternehmen eingesetzt werden, um die LGBTIQ+ Community als Zielgruppe zu erreichen. Dazu gehören beispielhaft TV-Werbung, Social Media-Werbung, Plakatwerbung aber auch Sponsoring und der Auftritt auf verschiedenen Events. Da in den letzten Anschnitten dieser Arbeit häufiger von Zielgruppen gesprochen wurde, wird dieser Begriff in diesem Kapitel auch genauer betrachtet. Viele der Maßnahmen beziehen sich auf Werbung in verschiedenen Formaten und Kanälen. Um ein Grundverständnis zu erhalten, wie Werbung vom Konsumenten wahrgenommen wird, wird dieses Kapitel auch die Wahrnehmung der Werbung untersuchen und beschreiben. Abschließend betrachtet dieses Kapitel aber noch eine weniger schöne Seite. Es gibt Unternehmen, welche einzig die Absicht haben, an der LGBTIQ+ Community Geld zu verdienen, ohne auf die Rechte dieser Community zu achten, hier zählt nur der maximale Umsatz. Für solche Maßnahmen wurden Begriffe wie „Pinkwashing" und „Queerbaiting" entwickelt die in diesem Kapitel auch betrachtet werden und das Kapitel dieser Arbeit abschließen.

6.1 Definition von Zielgruppen

Eine Zielgruppe soll die Gesamtheit aller Personen darstellen, welche als potentielle Kunden mit anschließend geplanten Marketingmaßnahmen erreicht werden sollen. Die so definierten Gruppen bestehen also aus potentiellen zukünftigen

---

[101] Vgl. Mannschaft Magazin [o.J.], o.S.
[102] Vgl. ebd.

Kunden und Verbrauchen. Dabei ist zu beachten, dass die Anzahl der Mitglieder innerhalb einer Zielgruppe unendlich ist. Wichtig ist, dass innerhalb einer Zielgruppe die Charaktere homogen sind. So können Streuverluste bei gezielten Marketingmaßnahmen möglichst geringgehalten werden.[103]

Als Grundlage für eine Zielgruppenanalyse, muss der zu bearbeitende Markt vorab in Segmente aufgeteilt werden. Man spricht dabei von der Marktsegmentierung. Diese Segmentierung unterteilt den Markt nach vorab bestimmten Vorgaben in verschiedene Kundengruppen. Diese Ziel- beziehungsweise Kundengruppe wird auf ihr Kaufverhalten abgegrenzt. Wenn man das Kaufverhalten betrachtet, sollte es in der Gruppe möglichst homogen sein, alle weiteren Charaktereigenschaften aber möglichst heterogen. Daraus resultiert, dass die Reaktion auf die Maßnahmen homogen, aber die Reaktion zwischen den verschiedenen Segmenten heterogen ist.[104] Verkaufsrelevante Segmentierungskriterien werden verwendet und zu versuchen den Markt zu erfassen. Dazugehören demografische Kriterien wie die Religion, das Alter, Geschlecht oder die Haushaltsgröße. Sozioökonomische Kriterien wie Einkommen, Schulausbildung oder der Beruf. Psychografische Kriterien wie der Lebensstil und Merkmale der Persönlichkeit und abschließend Kriterien des Kaufverhaltens wie die Preisbereitschaft, Preissensitivität oder auch die Preiseinstellung. [105]

Ein weit verbreitetes Zielgruppenmodell sind die Sinusmilieus. Sie basieren auf Basis sozialer Milieus und wurden für 40 Länder entwickelt. Aufgrund der ständigen Veränderungen im soziokulturellen und sozialstrukturellen Bereich werden sie fortlaufend angepasst.[106] Die Milieus stellen eine fundierte Grundlage zur Zielgruppenfindung dar, weil Befindlichkeiten, Orientierung der Menschen, Lebensziele, Werte und Einstellungen detailliert beschrieben werden. Alle gesammelten Erkenntnisse werden verdichtet und zu Basis-Typologien zusammengefasst.[107] Diese Basis-Typologien umfassen zehn verschieden Milieus, die nun kurz beschrieben werden.

---

[103] Vgl. Deutsches Institut für Marketing [2019], o.S.
[104] Vgl. Gabler Wirtschaftslexikon [o.J.], o.S.
[105] Vgl. ebd.
[106] Vgl. Sinus-Institut [o.J.], o.S.
[107] Vgl. ebd.

1. Traditionelles Milieu: Für dieses Milieu spricht Sparsamkeit, Konformismus und traditionelles Arbeitertum. In der Regel umfasst es die Kriegs- bzw. Nachkriegsgeneration.[108]
2. Prekäres Milieu: In diesem Milieu befinden sich Personen aus der Unterschicht. Sie haben Zukunftsängste, leiden unter sozialer Benachteiligung und in der Regel geringe Aufstiegschancen.[109]
3. Hedonistische Mitte: Dieses Milieu beschreibt eine erlebnisorientierte moderne Unterschicht, oder untere Mittelschicht. Die Personen in diesem Milieu verweigern Konventionen und leben im hier und jetzt.[110]
4. Bürgerliche Mitte: Mit der bürgerlichen Mitte ist das leistungsorientierte Mittelstand bezeichnet. Er strebt nach sozialer Etablierung und gesicherten Verhältnissen.[111]
5. Adaptiv-pragmatisches Milieu: In dieser Typologie befindet sich die junge und moderne Mitte. Sie gilt als zielstrebig, hedonistisch, konventionell und flexibel. [112]
6. Sozial-ökologisches Milieu: Diese Gruppe verhält sich bewusst und kritisch gegenüber Konsum und haben ein ausgeprägtes soziales und ökologisches Gewissen. Sie stehen als Bannerträger für Political Correctness und Diversity.[113]
7. Konservativ-etabliertes Milieu: Hier versammelt sich das klassische Establishment. Verantwortungs- und Erfolgsethik, Exklusivität- und Führungsansprüche und Standesbewusstsein prägen diese Schicht. Eine Entre-nous-Abgrenzung ist vorhanden.[114]
8. Liberal-intellektuelles Milieu: Dieses Milieu zählt zur Bildungselite, hat eine liberale Grundhaltung, Wunsch nach selbstbestimmten Leben und verfügt über eine Vielzahl an intellektuellen Interessen.[115]

---

[108] Vgl. Barth/ Flaig [2018], S. 113 ff.
[109] Vgl. ebd.
[110] Vgl. ebd.
[111] Vgl. ebd.
[112] Vgl. ebd.
[113] Vgl. ebd.
[114] Vgl. ebd.
[115] Vgl. ebd.

9. Milieu der Performer: In diesem Milieu befindet sich die Leistungselite der Gesellschaft. Sie besitzen eine ausgeprägte IT- und Multimedia-Kompetenz und handeln in der Regel nach einer global-ökonomischen Denkweise.[116]
10. Expeditives Milieu: Hier wird das Avantgarde abgebildet. Personen in diesem Milieu sind geografisch und mental mobil, offline wie online vernetzt und immer auf der Suche nach Lösungen.[117]

6.2 Wahrnehmung von Werbung

Um zu verstehen wie Werbemaßnahmen und die darin enthaltenen Werbebotschaften beim Endverbrauchen ankommen, betrachtet dieser Abschnitt der Arbeit ein Modell von Annie Lang, sie ist eine Professorin an der Indiana University in Bloomington, USA. Sie entwickelte dort das Limited Capacity Modell.

> „[...] diesem Modell lag ursprünglich das Ziel zugrunde, die Verarbeitungsvorgänge bei der Rezeption von Fernsehnachrichten und insbesondere das dabei häufig auftretende Phänomen der kognitiven Überlastung zu erklären. Die Allgemeingültigkeit dieses Modells ist jedoch so weit gefasst und der Umfang bestätigender empirischer Befunde so groß, dass es sich als konzeptueller und theoretischer Rahmen für viele informationspsychologische Phänomene anbietet."[118]

Dieses Modell ist sehr allgemeingültig und bietet daher die Möglichkeit die kognitiven Prozesse zu beschreiben, welche ablaufen, wenn Konsumenten Werbebotschaften wahrnehmen.

6.2.1 Werbebotschaften aufnehmen und speichern

Häufig nehmen Personen Werbung nicht bewusst wahr. Sie befindet sich am Straßenrand, in einem Social-Media-Kanal, oder versteckt in einem Kinofilm. In der Regel nehmen Konsumenten Botschaften durch, sehen und hören war. Diese Informationen werden an das Arbeitsgedächtnis weitergeleitet. Hier entscheidet das Gedächtnis auf Grundlage von persönlichen Interessen und Erfahrungen ob die Informationen in das Langzeitgedächtnis übertragen werden, oder nicht.[119] Je mehr sich der Konsument mit dem Medium beschäftigt, auf dem die Werbebotschaft

---

[116] Vgl. ebd.
[117] Vgl. ebd.
[118] Mangold [2015], S. 1.
[119] Vgl. Mangold [2014], S. 31.

verbreitet wird, desto höher ist die Wahrscheinlichkeit, dass die Botschaft langfristig im Langzeitgedächtnis abgespeichert wird.[120]

Nicht zu vernachlässigen ist der Gefühlszustand des Konsumenten, er kann über die Aufnahme der Informationen entscheiden. Die Gefühlszustände beeinflussen die Verarbeitung der Informationen im Gedächtnis. Positive Gefühle bleiben und wollen wiederholt werden, negative Gefühle werden schnell wieder vergessen. Gordon Bower beschreibt in seinem Netzwerk-Modell Stimmungen als einen Knotenpunkt im semantischen System, welche benachbarte Inhalte aktivieren können. Somit können Informationen, die in einer positiven Stimmung aufgenommen werden, wieder aktiviert werden, sobald der Konsument in einer positiven Stimmung ist.[121]

6.2.2 Werbebotschaften abrufen und verarbeiten

Wie wird nun der Kaufvorgang eines durch eine Werbebotschaft beworbenen Produktes aktiviert? Der Konsument hat die Werbebotschaft zusammen mit einer für ihn relativen Handlung und einer positiven Stimmung Gedächtnis abgespeichert. Hier spricht man auch von einer implizierten oder auch unbewussten Erinnerung. Diese werden im Gegensatz zu bewussten Erinnerungen automatisch abgerufen werden.[122]

Um nun eine Kaufentscheidung beim Kunden auszulösen, muss der Konsument in eine ähnliche Stimmung gebracht werden, in der er die Information gespeichert hat. Werbetreibende stehen nun vor der Herausforderung dieses Gefühl zu reproduzieren, um die Erinnerung an das beworbene Produkt wieder abrufen zu können (implizierte Erinnerung). Bei einer expliziten Erinnerung ist dies nicht nötig. Hier kann der Konsument die Erinnerung an die Werbebotschaft bewusst selbst abrufen, ohne dass eine Dritte Partei eingreifen muss.[123] Für bestimmte Marken und die dazugehörigen Produkte sind implizite Erinnerungen für die Kaufentscheidung oftmals relevanter.[124]

---

[120] Vgl. Lang [2000], S. 47 f.
[121] Vgl. Bower [1981], S. 129 ff.
[122] Vgl. Shapiro/ Krishnan [2001], S. 1.
[123] Vgl. Matthes/ Schemer/ Wirth [2007], S. 495.
[124] Vgl. Coates/ Butler/ Berry [2004], S. 1196.

6.3 Marketingmaßnahme: Events

Unter dem Begriff Event versteht man Veranstaltungen aller Art, bei der die Inszenierung, Interaktion zwischen Dienstleistern, Teilnehmern und Veranstaltern im Mittelpunkt steht. Mit einer multisensorischen und erlebnisorientierten Ansprache soll eine Kommunikationsbotschaft an die Zielgruppe herangetragen werden.[125] Unternehmen können solche Events für die eigenen Zwecke einsetzen. Dafür verantwortlich ist das Event-Marketing. Hier organisiert das das Unternehmen Erlebnisveranstaltungen wie zum Beispiel Sportwettkämpfe, Konzerte oder Events, um neue Produkte vorzustellen. In der Regel werden bei solchen Veranstaltungen keine Produktverkäufe statt. Mit solchen Veranstaltungen soll vor allem die positive Einstellung zum Unternehmen oder einem bestimmten Produkt hergestellt werden, oder aber schlicht die Bekanntheit des Unternehmens gesteigert werden.[126]

Nach aktuellen Wissensstand veranstalten Unternehmen bisher keine ausdrücklichen rein LGBTIQ+ zielgruppenorientierten Events. Unternehmen setzen hier mehr auf Sponsoring von LGBTIQ+ Events, um ihre Bekanntheit zu steigern. Unternehmen verstehen unter Sponsoring sämtliche Aktivitäten, welche dazu dienen Personen und/oder Organisationen zu fördern. Dazu werden in der Regel Geld, Sachmittel, Dienstleistungen oder Know-how seitens des Unternehmens zu Verfügung gestellt.[127] Ziel des Sponsorings ist es die Sympathie, die dem gesponserten entgegengebracht wird durch einen Imagetransfer auf das eigene Unternehmen zu übertragen. Damit sollen aber nicht nur ökonomische Ziele wie ein höherer Umsatz erreicht werden, sondern es werden auch psychologische Ziele wie Imageverbesserung und Mitarbeitermotivation verfolgt.[128]

Als Beispiel für ein Sponsorings eines LGBTIQ+ Events ist die Teilnahme der Deutschen Telekom AG am Christopher Street Day in Köln.

---

[125] Vgl. Gabler Wirtschaftslexikon [o.J.], o.S.
[126] Vgl. Welt der BWL [o.J], o.S.
[127] Vgl. Meffert et al. [2019], 771 f.
[128] Vgl. ebd.

Abb. 1: LGBTIQ+ Logo Deutsche Telekom AG
(Quelle: Deutsche Telekom AG [2018], o.S.)

Auf dem Logo erkennt man das Logo der Deutschen Telekom AG in den Farben der LGBTIQ+ Regenbogenfahne. Der Hintergrund bleibt in der Telekom-Farbe Magenta. Die Deutsche Telekom AG ist als Wagen-Sponsor aufgetreten. Das Unternehmen hat also einen Wagen für die Parade gesponsert, um so nach außen darzustellen, dass die Telekom ein offenes und tolerantes Unternehmen ist. 250 Teilnehmer, darunter auch der Vorstand für Datenschutz, Recht und Compliance, Thomas Kremer.[129] Alle Teilnehmer dieses Wagens haben ein Magenta T-Shirt mit dem „Regenbogen-T" und den passenden Rucksack erhalten. So wollte man nach außen einen geschlossenen Zusammenhalt demonstrieren.

6.4 Marketingmaßnahme: TV-Werbung

Das Fernsehen ist weiterhin das Leitmedium in Deutschland. Die durchschnittliche Sehdauer pro Tag ist von 158 Minuten im Jahr 1992 auf 205 Minuten im Jahr 2012 gestiegen. Grund für die starke Nutzung dieses Mediums ist, dass es bei Zuschauern sowohl die Unterhaltungs- als auch die Informationsbedürfnisse befriedigt. Allein in Deutschland besitzt die Fernsehwerbung eine kombinierte Reichweite von 69 Millionen Personen. Anders gesagt etwa 94% aller Fernsehnutzer in der Regel

---

[129] Vgl. Deutsche Telekom AG [2018], o.S.

einmal mit Fernsehwerbung erreicht.[130] Die möglichen Kombinationen aus Ton, Bild und Text lassen eine vielseitige Gestaltungsvariation zu und sind deshalb gut einsetzbar, um neben argumentierender Werbung vor allem emotionale Werbeformate an den Zuschauer heranzutragen.[131] Allerdings unterliegt die TV-Werbung strengen Restriktionen, welche im Rundfunkstaatsvertrag niedergeschrieben sind. Hier wird unter anderem die Dauer und Häufigkeit von Werbeblöcken festgelegt und welche Sender überhaupt Werbeblöcke in ihr Programm einbauen dürfen. Grob gesagt, haben Private Sender wie ProSieben, SAT 1 oder RTL mehr Möglichkeiten, um Werbung einzusetzen, als öffentlich-rechtliche Sender wie ARD und ZDF. Das liegt daran, dass öffentlich-rechtliche Sender durch die Rundfunkgebühren finanziert werden und private Sender nicht. Private Sender verdienen also an den Werbetreibenden, die auf ihren Sendern Werbung schalten wollen.[132]

Die Firma Iglo war in Deutschland Vorreiter im Thema LGBT TV-Werbung, daher dient dieser Werbespot als Fallbeispiel in dieser Arbeit.

Abb. 2: Ausschnitt Holger und Max – Iglo Werbung aus 2001
(Quelle: Eigene Darstellung in Anlehnung an Vhs Chorizo [2014], o.S.)

---

[130] Vgl. Meffert et al. [2019], 659 f.
[131] Vgl. ebd.
[132] Vgl. ebd.

Das Bild ist ein Ausschnitt aus dem ersten schwulen TV-Werbespot aus dem Jahr 2001. Er wurde von der Firma Iglo in Auftrag gegeben, Iglo war damit der Vorreiter homosexueller Werbung in Deutschland. Holger und Max sind ein schwules Pärchen in einer gemeinsamen Wohnung. Max sitzt auf einem Sessel im Wohnzimmer und fragt seinen Holger, ob sie nicht gemeinsam zu ihrem Lieblings Italiener gehen wollen. Holger erwidert darauf, dass sie heute doch einen Film schauen wollten und geht in die Küche. Daraufhin fällt Max missbilligend in den Sessel zurück und schaltet den Film ein. Sein Partner Holger schmunzelt in der Küche, während er ein anscheinend leckeres Nudelgericht von Iglo zubereitet. Als das Essen fertig ist, wird es Max serviert, welcher sich sehr freut. Holger vergleicht das Essen mit dem Essen von ihrem Lieblings Italiener und setzt sich zu Max, um den Film zu schauen.[133]

Iglo hat früh verstanden, dass die LGBTIQ+ Community eine lohnende Zielgruppe ist. Die Firma ist von Anfang an, davon ausgegangen, dass der Spot bei den Zuschauern gut ankommen würde und hat deshalb eine Spotserie drehen lassen, mit insgesamt vier verschiedenen Werbespots. Max und Holger haben zudem eine eigene Homepage erhalten, auf der die beiden in einer Biografie beschrieben werden. So konnten sich die Zuschauer zusätzliche Informationen beschaffen und dabei eine Beziehung zu den beiden aufbauen.[134] Iglo wollte so zeigen, dass homosexuelle Paare, dieselben „Wehwehchen" wie heterosexuelle Paare haben und es somit keine Unterschiede gibt. Darüber hinaus stünden, laut Ansicht der Iglo Marketingabteilung, Männerpaare für exquisiten Geschmack und gehobene Ansprüche. Dieses Image will Iglo somit auf das Fertigprodukt transferieren.[135] Man hat sich zudem bewusst dazu entschieden, den Werbespot überspitzt darzustellen und mit Klischees zu spielen. Max übernimmt in dem Werbespot und in der Beziehung den eher femininen Part und Holger hingegen den eher entspannt maskulinen Part.[136]

6.5 Marketingmaßnahme: Social Media-Werbung

Übergeordnet der Social Media-Werbung oder auch Social Advertising ist das Social-Media-Marketing. Bei Social Advertising geht es um bezahlte Werbemaßnahmen in sozialen Medien. Aus diesem Grund werden diese Werbemittel auch als

---

[133] Vgl. Vhs Chorizo [2014], (0:00-0:30).
[134] Vgl. Der Tagesspiegel [2001], o.S.
[135] Vgl. ebd.
[136] Vgl. ebd.

Paid Content oder gesponserte Inhalte bezeichnet.[137] Werbung in sozialen Medien stehen im Kontrast zu den normalen Beiträgen der Nutzer. Aus diesem Grund werden Werbebeiträge auch immer besonders gekennzeichnet, um sicher zu gehen, dass die Beiträge auch als Werbung verstanden werden. Wie die Werbung aussieht, ist unteranderem abhängig von der Plattform, auf die sie geschaltet wird. Neben klassischen Anzeigen aus Bild, Text oder Video bieten Plattformen Werbetreibenden auch die Möglichkeit interaktive Werbung zu schalten.[138]

Mit der Social-Media-Kampagne „My Pride My Beauty" macht aktuell Douglas auf die LGBTIQ+ Community aufmerksam, welche durch Corona dieses Jahr nicht für ihre Rechte auf den Christopher Street Days demonstrieren können.

Abb. 3: My Pride My Beauty
(Quelle: Horizont [2020], o.S.)

Auf der Abbildung sind Mitarbeiter von Douglas zu sehen mit einem regenbogenfarbenen Hintergrund und der Überschrift „My Pride My Beauty – Douglas Mitarbeiter zu Pride, Selbstvertrauen und Beauty"

Das Besondere an dieser Kampagne ist, dass alle Protagonisten Mitarbeiter von Douglas sind. Herzstück dieser Kampagne ist ein Video, welches auf allen Sozialen Plattformen geteilt wird. Die Mitarbeiter berichten über ihr Leben in der LGBTIQ+ Community, welchen Hürden zu überwinden sind, wo vor sie Angst haben, aber auch worauf sie stolz sind. Aber natürlich auch, was für jeden „Pride" eigentlich

---

[137] Vgl. Ionos [2018], o.S.
[138] Vgl. ebd.

bedeutet. Wofür steht „Pride" und wieso ist es immer noch so wichtig für die Community.[139] Ziel der Kampagne ist es mit diesem Thema auf verschiedenen Kanälen eine Plattform zu bieten und ein Zeichen für Toleranz, Gleichberechtigung und Diversität zu setzen. Natürlich hat Douglas verstanden, dass ein Großteil der Douglas-Kunden aus der LGBTIQ+ Community stammen und sie so etwas positives für ihr Unternehmensimage und Umsatz gestalten. Aus diesem Grund gibt es zu dieser Kampagne auch eine Landingpage, klassische Digital-Werbung und Werbung am Point of Sale weltweit.[140]

6.6 Marketingmaßnahme: Plakatwerbung

Plakatwerbung ist die Standartwerbung im Out-of-Home-Bereich. Sie ist die die am weitverbreitetste und auch älteste Form der schriftlichen Werbung und lässt sich bis in die Zeit des alten Ägypten zurückverfolgen.[141] Plakatwerbung ist insbesondere für jüngere und berufstätige Zielgruppen in Großstädten geeignet. Da Plakatwerbung in der Regel nur kurz wahrgenommen wird, ist es wichtig, dass die Botschaft kurz, stark und präzise ist. Eine leicht verarbeitbare und attraktive Gestaltungen ist daher enorm wichtig. Hauptsächlich werden leicht bildlich darstellbare Elemente mit wenig Text dargestellt.[142]

---

[139] Vgl. Horizont [2020], o.S.
[140] Vgl. ebd.
[141] Vgl. Meffert et al. [2019], 665 f.
[142] Vgl. ebd.

Abb. 4: Absolut Rainbow Flag Edition
(Quelle: Packaging of the World [2017], o.S.)

Absolut Rainbow ist das Motto dieser Abbildung. Man erkennt auf ihr eine Wodka-Flasche des Wodkaherstellers Absolut aus Schweden. Die Flasche ist in dem Regenbogenmuster der LGBTIQ+ Community eingefärbt. Unter der Flasche befindet sich der Schriftzug Absolut Rainbow.

Absolut Vodka ist der Veteran unter den Unternehmen, welche LGBTIQ+ Werbung verbreiten. Bereits seit 1989 inserierte das Unternehmen Werbung in Zeitschriften mit einer homosexuellen Zielgruppe. Zusätzlich sponsert das Unternehmen den jährlichen GLAAD-Award seit 1989. Dieser Award zeichnet zutreffende, faire und integrative Darstellungen der LGBTIQ+ Community in den Medien aus.[143] Wie bereits in dieser Arbeit erwähnt, zählt die LGBTIQ+ Community als gutverdienend und feierfreudig. Dies wird auch mit ein Grund dafür sein, dass sich ein Spirituosenhersteller für die LGBTIQ+ Community interessiert. Auf Grund der langjährigen Unterstützung, der Community durch das Unternehmen, ist aber davon auszugehen, dass hier wirklich viel getan wird, nicht nur um bessere Umsatzziele zu erreichen.

---

[143] Vgl. Mannschaft Magazin [2014], o.S.

6.7 Pinkwashing und Queerbaiting

Es gibt Personen aber auch ganze Unternehmen, welche Pinkwashing betreiben und das aus Kalkül. Sie werben mit LGBTIQ+-freundlichen Slogans für Produkte und eine offene Lebensart, hinter verschlossenen Türen wird aber erzkonservativ gelebt und nur das traditionelle Familienbild von Mutter, Vater und Kind als das Wahre definiert. Der einzige Grund für die Community-freundlichen Werbeslogans ist das Ziel den Umsatz zu steigern.

Pinkwashing wurde allerdings schon vor Jahrzehnten in einem anderen Zusammenhang in den Vereinigten Staaten von Amerika geprägt. Hier haben Kosmetik- und Pharmaunternehmen Produkte mit einer pinken Schleife versehen, was als ein Symbol für das Engagement gegen Brustkrebs gilt, obwohl die Produkte unter Verdacht standen, selbst Krebs auszulösen. Kritiker sahen in dieser Aktion also keine wahre Solidarität, sondern eine Marketingstrategie.[144]

Ein Bespiel für Pinkwashing ist Nivea, der bekannte Creme-Hersteller mit der blauen Dose. Im Jahr 2019 trennte sich die Werbeagentur FCB von dem Unternehmen, nachdem die Verantwortlichen vom Mutterkonzern Beiersdorf AG einen Kampagnen-Vorschlag abgelehnt hatten, bei dem sich zwei Männerhände berühren sollten. Die Verantwortlichen der Beiersdorf AG haben den Kreativen der Agentur, von denen einer selbst schwul ist gesagt, dass es bei Nivea kein Schwul gibt.[145]

Nur ein Jahr später startet Nivea die Kampagne „Nivea ist für alle da". Sie haben eine Landingpage erstellt und werben für mehr Miteinander. Dazu passend die bekannte blaue Nivea-Dose, dieses Mal im Regenbogen-Design.

---

[144] Vgl. Der Tagesspiegel [2016], o.S.
[145] Vgl. Mannschaft Magazin [2019], o.S.

Abb. 5: Nivea Creme Rainbow Edition
(Quelle: Nivea [2020], o.S.)

Auf der Abbildung erkennt man das aktuelle Design der Nivea-Dose für die oben genannte Kampagne. Nivea wirbt damit, dass es dem Unternehmen egal ist, wer man ist, woher man kommt, was man mag und wen man liebt.[146] Da fragt man sich nur, woher dieser schnelle Sinneswandel kam. Im Jahr 2019 gab es noch kein Schwul bei Nivea und ein Jahr später wirbt Nivea für Vielfalt.

Eine weitere Möglichkeit für Unternehmen, sich die LGBTIQ+ Community zunutze zu machen ist Queerbaiting. Dieser Begriff stammt ursprünglich aus der Filmbranche. Produzenten legen „queere Köder" aus, Zuschauer erhalten also den Eindruck das in dem Film oder der Serie zum Beispiel LGBTIQ+-Personen dargestellt werden. Oft wird hierzu passende Werbung erstellt, um die queere Zielgruppe zu erreichen und dazu zu bewegen den Film oder die Serie zu schauen. Das Problem hier ist, dass die Produktion die Erwartungen aber dann nicht erfüllen, da es keinerlei queere Handlungen gibt. Die Community wird also hintergangen.[147] So etwas passiert auch häufiger Unternehmen, gerade im Monat Juni. Dieser Monat ist der Pride-Monat, in dem die Community auf die Aufstände im Stonewall In aufmerksam machen. Unternehmen ändern in dieser Zeit häufig das Profilbild in den sozialen Medien und werben mit LGBTIQ+ Inhalten. So soll die Community an das Unternehmen herangezogen werden. Sollten solche Beiträge dann allerdings die

---

[146] Vgl. Nivea [o.J.], o.S.
[147] Vgl. Lucia Clara Rocktäschel [2019], o.S.

Erwartungen nicht erfüllen, kann es sich im Queerbaiting handeln.[148] Nutzer von Social Media Plattformen können allerdings erkennen, wann es sich höchstwahrscheinlich um Queerbaiting handelt. Die ist häufig der Fall, wenn Unternehmen nur zum Pride-Monat LGBTIQ+ Content online stellen, oder wenn nur das Profilbild durch einen Regenbogen ersetzt wird, aber sonst keine LGBTIQ+ freundlichen Aktionen gestartet werden. Ganz besonders auffällig ist es, wenn das Unternehmen sich sonst eher konservativ nach außen gibt.[149]

---

[148] Vgl. ebd.
[149] Vgl. ebd.

7 Wirkung von Marketingmaßnahmen auf Community und Unternehmen

Marketingmaßnahmen verfolgen immer ein Ziel. In der Regel dienen sie dazu Produkte oder Unternehmen bekannter zu machen, neue Zielgruppen zu erreichen, Umsatzziele zu optimieren, Gewinne zu steigern oder das Unternehmensimage zu verbessern. Aber wie beeinflussen LGBTIQ+ Marketingmaßnahmen das Unternehmensimage und andersrum gefragt, wie werden LGBTIQ+ Marketingmaßnahmen von der Community angenommen? Diese Fragen sollen in diesem Kapitel beantwortet werden.

7.1 Einfluss von LGBTIQ+ Marketingmaßnahmen auf das Unternehmensimage

Diversity-Marketing gehört bei vielen Unternehmen bereits schon längere Zeit zum Daily Business. Sie haben verstanden, dass man nicht alle Menschen auf die gleiche Wiese ansprechen kann, um so diese zu motivieren Produkte oder Dienstleistungen zu kaufen. Viele Unternehmen haben auch die LGBTIQ+ Community als lohnenswerte Zielgruppe erkannt und versuchen mit den richtigen Marketingmaßnahmen, diese Zielgruppe zu erreichen. Neben höheren Verkaufszahlen erhoffen sich Unternehmen auch einen Push für das eigene Unternehmensimage. Und mit dieser Annahmen liegen viele Unternehmen auch richtig. Laut einer Befragung ist es 78% der befragten Amerikaner wichtig, bei einem Unternehmen Produkte zu erwerben, welche für Gleichberechtigung einsteht und sich für die LGBTIQ+ Rechte einsetzt. Hingegen 86% der Befragten würden Unternehmen boykottieren, wenn sich diese gegen LGBTIQ+ Rechte aussprechen würden.[150]

Allerdings können LGBTIQ+ Marketingmaßnahmen auch dazu führen, dass sich Kunden eines Unternehmens von diesem abwenden, sollte dieses solche Maßnahmen ergreifen. Ein Beispiel für solch ein Verhalten konnte man im Jahr 2019 bei der Modefirma Diesel beobachten. Das Unternehmen setzt sich seit mehr als 40 Jahren für die Rechte der LGBTIQ+ Community ein und bringt in regelmäßigen Abständen verschiedene Pride-Collections auf den Markt. Diese Collection wurde 2019 auf Instagram vorgestellt und wurde von den Followern euphorisch begrüßt. Allerdings schien dieser Beitrag nicht bei allen Followern auf Begeisterung zu stoßen. Innerhalb eines Tages verlor das Unternehmen 14.000 Follower auf

---

[150] Vgl. Frankfurter Allgemeine Zeitung [2019], o.S.

Instagram.[151] Das Unternehmen lief sich von dieser Abwanderung nicht aufhalten, ganz im Gegenteil, sie reagierten positiv auf dieses Ereignis. Mit einem Instagram-Beitrag am folgenden Tag bedankte sich das Unternehmen bei den 14.000 Followern, mit dem Hinweis, dass das Unternehmen gerne auf solche Follower verzichtet. Dieser Beitrag hat das bereits positive Image des Unternehmens zusätzlich gestärkt.[152]

7.2 Wahrnehmung von Marketingmaßnahmen in der Community

Eine wichtige Frage ist auch, ob die Maßnahmen, welche Unternehmen ergreifen auch wirklich bei der Community ankommen und wie diese wahrgenommen werden. Viele Maßnahmen werden kritisch betrachtet, auch von der Community selbst. Viele sehen sich in Maßnahmen nicht wieder, halten es für überspritzt oder zu klischeebehaftet. Ein weiterer Grund für vorsichtige Reaktionen auf LGBTIQ+ Marketingmaßnahme ist die Tatsache, dass sich die Community nie wirklich sicher sein kann, ob es sich bei den Maßnahmen um Pinkwashing handelt, oder ob ein Unternehmen wirklich hinter der Botschaft steht.[153]

Es gibt aber auch Beispiele, die zeigen, dass Werbemaßnahmen von Unternehmen bei der Community positiv aufgenommen werden. Dazu gehört eine Kampagne von Burger King aus dem Jahr 2014. Das Unternehmen hat in der Pride-Woche in San Francisco den „Proud-Whopper" eingeführt. Dieser ist identisch dem normalen Burgers des Unternehmens, mit dem Unterschied, dass der „Proud-Whopper" in einem Regenbogen-Papier eingewickelt ist. Wenn der Burger ausgepackt wird, erschein auf der Innenseite des Papiers der Satz „We are all the same inside", zu deutsch bedeutet dies „Im Inneren sind wir alle gleich".[154] Besucher der Burger King Restaurants wurden für einen Social Media Beitrag gefilmt, wie sie diesen Burger auspacken. Das Video wurde 7 Millionen Mal aufgerufen, allein auf YouTube 5,3 Millionen Mal.[155]

Ein weiteres positives Beispiel ist dies von Honey Maid. Dieses Unternehmen ist in den Vereinigten Staaten bekannt und produziert Kekse. Auch hier sollte für verschiedene Social-Media-Kanäle eine Videobeitrag gedreht werden. Im Mittelpunkt

---

[151] Vgl. W&V [2019], o.S.
[152] Vgl. ebd.
[153] Vgl. Frankfurter Allgemeine Zeitung [2019], o.S.
[154] Vgl. Think with Google [2015], o.S.
[155] Vgl. ebd.

steht das amerikanische Familienbild und wie es sich im Laufe der zeit verändert hat. Das Unternehmen wollte so mit seinen Kunden in Kontakt treten und die lange Geschichte des Unternehmens und dessen Einsatz für Inklusion erinnern.[156] Natürlich wurden nicht nur heterosexuelle Familien gezeigt, sondern auch gleichgeschlechtliche Eltern. Das Video wurde mehr als 8 Millionen Mal allein auf YouTube angeschaut. Allerdings rechnete das Unternehmen auch mit negativen Reaktionen, da auch in Amerika noch nicht alle verstanden haben, dass gleichgeschlechtliche Eltern zum normalen Familienbild gehören. So erhielt das Unternehmen negatives Feedback per Mail, aber auch Boykottaufrufe auf Social Media Plattformen. Das Unternehmen ließ sich davon aber nicht beeindrucken. Auch hier reagierte das Unternehmen vorbildlich. Es hat das per Mail erhaltene negative Feedback auf Papier ausgedruckt und daraus das Wort „Love" gelegt. Aus dieser Aktion hat das Unternehmen erneute ein Video gedreht und online gestellt. Auch hier war die Resonanz überwältigend. Das Video hatte innerhalb kürzester Zeit über 4 Millionen Aufrufe.[157]

---

[156] Vgl. ebd.
[157] Vgl. ebd.

8 Fazit

Der Regenbogen ist bunt und wunderschön, so sind auch die Menschen auf dieser Welt. Er steht für Vielfalt aber auch für Gleichheit in unserer Gesellschaft. Die LGBTQ+ Community hat einen steinigen Weg hinter sich gebracht, dieser begann bereits vor den Aufständen im Stonewall In, nur da sprach niemand von einer Community wie heute. Damals mussten sich queere Menschen verstecken, um nicht von der Polizei verhaftet, bedroht oder sogar misshandelt zu werden. Der Aufstand im Stonewall In brachte das Fass in der Community zum Überlaufen, sorgte aber auch gleichzeitig dafür das die Öffentlichkeit auf dieses Thema aufmerksam wurde. Es dauerte darauf noch einige Jahre und es benötigte einige Demonstrationen und Ausschreitungen, um an dem Punkt anzukommen, an dem die Gesellschaft sich heute befindet. Aber der Weg ist noch nicht fertig gegangen. Immer noch werden queere Menschen in Ländern diskriminiert und teilweise zum Tode verurteilt, hier hat die Gesellschaft noch einiges zu tun. Aber es gibt aus positive Aspekte. In immer mehr Ländern ist die sogenannte „Ehe für alle", also eine ehe zwischen gleichgeschlechtlichen Partnern möglich. Auch das Adoptionsrecht hat sich verbessert, so das queere Paare Kinder adoptieren können. Der Christopher Street Day ist nicht mehr länger nur eine Demonstration für die Rechte von lesbischen und schwulen Menschen, sondern für alle Menschen, die der sogenannten „Norm" abweichen und das ist auch gut so.

Diversity Management ist auf dem Vormarsch. Immer mehr Unternehmen nehmen Diversity ernst, implementieren es in die Unternehmenskultur und unterstützen dabei LGBTIQ+ Organisationen. Sie sponsern queere Veranstaltungen, entwerfen Pride-Kollektionen und spenden einen Teil des Erlöses an queere Organisationen. Und genau diese benötigen dieses Kapital, um weiter für die Rechte diskriminierte Minderheiten weltweit zu kämpfen. Selbstverständlich haben Unternehmen auch verstanden, dass man mit der LGBTIQ+ Community Geld verdienen kann. In vielen Ländern verdienen sie zwar in der Regel weniger als ihre heterosexuellen Kollegen, bedingt durch die Tatsache das viele gleichgeschlechtliche Paare allerdings keine Kinder haben, sorgt dafür das genau diese Paare dann doch über mehr Einkommen verfügen. Der queeren Community wird nachgesagt, dass sie gerne reisen, gerne Geld ausgeben und Stil besitzen und genau das machen sich Unternehmen zu nutze. Mit Marketingmaßnahmen, welche direkt auf die LGBTIQ+ Community ausgerichtet sind, steigern sie die Bekanntheit des Unternehmens oder der Marke. Sie preisen neue Produkte an und werben für neue Dienstleistungen. Allerdings sind diese Maßnahmen mit Vorsicht zu genießen. Es gibt Unternehmen die Pinkwashing betreiben und das bewusst. Hier stehen dann nicht mehr die Rechte der Community oder die Diversität im Vordergrund, sondern die Gewinnsteigerung der Unternehmen. Aber nicht alle Unternehmen spielen dieses Spiel. Viele Unternehmen und die dazugehörigen Marken wie Diesel oder Absolut Vodka unterstützen die Community seit mehreren Jahrzehnten und zählen somit zu den Vorreitern auf internationaler Ebene.

Die Fragestellung dieser Arbeit lautet: Welchen Einfluss die LGBTIQ+ Community auf Unternehmen und die dazugehörige Marketingstrategie hat. Das passende Beispiel für diese Frage liefert der Konzern Barilla. Im Jahr 2013 sorgte das Unternehmen für einen Aufschrei in der Community, aber auch außerhalb. Das Unternehmen will keine LGBTIQ+-Werbebotschaften veröffentlichen, dass das Unternehmen eine traditionelle Familienführung befürwortet und gleichgeschlechtliche Partnerschaften oder sogar die Adoption von Kindern durch eben diese Paare ablehnt. Das Ergebnis dieser Aussage war, dass die Marktanteile des Konzern weltweit gefallen sind und das Unternehmen sein Image und sein Gesicht verloren hat. Es hat mehrerer Jahre und mehrere Millionen Euro gekostet, dieses Image wiederaufzubauen. Heute zählt das Unternehmen zu den LGBTIQ+ freundlichsten Unternehmen weltweit. Es wurden sogar Kampagnen mit gleichgeschlechtlichen Paaren veröffentlicht.

Wenn man nun die Frage beantworten möchte, ob die Community Einfluss auf Unternehmen und die Marketingstrategie hat, kann man diese ganz einfach mit Ja beantworten. Aber es bleibt auch festzuhalten, dass weiterhin noch viel getan werden muss, um die Diskriminierung queere Personen zu beenden.

Literaturverzeichnis

AlphaJump [o.J.], Marketing Aufgaben ------ Was macht das Marketing?, verfügbar unter: https://www.alphajump.de/karriereguide/beruf/aufgaben-marketing (08.06.2020)

Aretz, H.-J/ Hansen, K. [2003], Erfolgreiches Management von Diversity. Zeitschrift für Personalforschung, 17, S. 9-36.

Barth H./Flaig B., Praxis der Sinus-Milieus, Gegenwart der Zukunft eines modernen Gesellschafts- und Zielgruppenmodells, Wiesbaden 2018.

Bayrischer Rundfunk 2019, Darum ist der Regenbogen ein Symbol der Lesben und Schwulen, verfügbar unter: https://www.br.de/nachrichten/kultur/regenbogen-symbol-flagge-lesben-schwule-lgbt-pace-frieden,RT5rwgH (07.06.2020)

Becker, M. [2015], Systematisches Diversity Management, Stuttgart 2015.

Bendl, R./ Hanappi-Egger, E./ Hofmann, R. [2012], Diversität und Diversitätsmanagement, 1. Aufl., Stuttgart 2012.

Betriebswirtschaft Lernen [o.J.], Preisstrategien, verfügbar unter: http://www.betriebswirtschaft-lernen.net/erklaerung/preisstrategien/ (09.06.2020)

Bower, G. H. [1981], Mood and memory - American Psychologist, Stanford University 1981.

Bruhn, M. [2014], Marketing: Grundlagen für Studium und Praxis, Wiesbaden 2014.

Caspar, W. J./ Wayne, H. J./ Manegold, J. G. [2013], Who will we recruit? Targeting deep- and surface level diversity with human resource policy advertising. Human Resource Management, 52(3), 311–332.

Charta der Vielfalt [2016], Diversity in Deutschland, verfügbar unter: https://www.charta-der-vielfalt.de/fileadmin/user_upload/Studien_Publikationen_Charta/STUDIE_DIVERSITY_IN_DEUTSCHLAND_2016-11.pdf (13.06.2020)

Coates, S. L./ Butler, L. T./ Berry, D. C. [2004], Implicit Memory: A Prime Example for Brand Consideration and Choice, in: Applied Cognitive Psychology. 18, Nr. 4, 2004, S. 1195–1211.

David, A./ Ely, T. und R. [1996], Making Differences Matter, A new Paradigma for Managing Diversity, Harvard Business preview September –October 1996.

Der Tagesspiegel [2016], Buntes Business, verfügbar unter: https://www.tagesspiegel.de/gesellschaft/queerspiegel/queere-werbung-buntes-business/13886256.html (04.06.2020)

Der Tagesspiegel [2001], Homopärchen: Familienidylle einmal andersherum, verfügbar unter: https://www.tagesspiegel.de/gesellschaft/panorama/homopaerchen-familienidylle-einmal-andersherum/207396.html (11.06.2020)

Der Tagesspiegel [2016], Was bedeutet „Pinkwashing"?, verfügbar unter: https://www.tagesspiegel.de/gesellschaft/queerspiegel/queer-weiss-das-16-was-bedeutet-pinkwashing/13883744.html (12.06.2020)

Deutsche Telekom AG [2018], Telekom auf dem Christopher Street Day: Nicht nur Magenta – sondern bunt!, verfügbar unter: https://www.telekom.com/de/blog/konzern/artikel/telekom-auf-dem-christopher-street-day-531500 (11.06.2020)

Deutsches Institut für Marketing [2017], Marketing-Mix – Der Klassiker der operativen Marketing!, verfügbar unter: https://www.marketinginstitut.biz/blog/marketing-mix/ (09.06.2020)

Deutsches Institut für Marketing [2019], Zielgruppen definieren – So einfach kann es gehen!, verfügbar unter: https://www.marketinginstitut.biz/blog/zielgruppen-definieren/ (10.06.2020)

Deutschlandfunk Kultur [2017], „Was habt ihr nur mit dem Sex?", verfügbar unter: https://www.deutschlandfunkkultur.de/asexualitaet-als-lebensform-was-habt-ihr-nur-mit-dem-sex.976.de.html?dram:article_id=338355 (07.06.2020)

Deutschlandfunk Kultur [2020], Die Geburtsstunde der LGBT-Bewegung, verfügbar unter: https://www.deutschlandfunkkultur.de/stonewall-proteste-vor-50-jahren-die-geburtsstunde-der-lgbt.932.de.html?dram:article_id=452383 (07.06.2020)

Frankfurter Allgemeine Zeitung [2019], Das Geschäft mit der Toleranz, verfügbar unter: https://www.faz.net/aktuell/wirtschaft/lgbtq-marketing-das-geschaeft-mit-der-toleranz-16410482-p3.html (04.06.2020)

Frohn, D. [2007], Out im Office?! Sexuelle Identität, (Anti-) Diskriminierung und Diversity am Arbeitsplatz, verfügbar unter: http://lesben-gegen-gewalt-nrw.de/fileadmin/vielfalt-statt-gewalt/pdf/Out-im-Office_Erg.-Zus.-Fass._inkl.D-Okt-2007_DF.pdf (18.06.2020)

Gabler Wirtschaftslexikon [o. J.], Zielgruppe. Definition, verfügbar unter: https://wirtschaftslexikon.gabler.de/definition/zielgruppe-48977 (10.06.2020)

Gabler Wirtschaftslexikon [o.J.], Event, verfügbar unter: https://wirtschaftslexikon.gabler.de/definition/event-34760 (11.06.2020)

Halfmann, M. [2014], Zielgruppen im Konsumentenmarketing, Wiesbaden 2014.

Handelsblatt [2019], Rendite mit Regenbogen: Wie Unternehmen mit Diversity punkten wollen, verfügbar unter: https://www.handelsblatt.com/unternehmen/beruf-und-buero/the_shift/marketing-fuer-die-pride-saison-rendite-mit-regenbogen-wie-unternehmen-mit-diversity-punkten-wollen/24575312.html?ticket=ST-2701687-EobljJh2Tgkdiqfibfxf-ap6 (04.06.2020)

Horizont [2020], Mit der Botschaft seiner Mitarbeiter macht sich Douglas für die LGBT-Community stark, verfügbar unter: https://www.horizont.net/marketing/nachrichten/pride-mit-dieser-botschaft-seiner-mitarbeiter-macht-sich-douglas-fuer-die-lgbt-community-stark-183378 (11.06.2020)

Ionos [2018], Social-Media-Advertising: Werbung in sozialen Netzwerken, verfügbar unter: https://www.ionos.de/digitalguide/online-marketing/social-media/social-media-advertising-werben-in-sozialen-medien/ (11.06.2020)

Kottler, P. [1999], Grundlagen des Marketing, München 1999.

Krell, G. [2004]. , Managing Diversity. Chancengleichheit als Wettbewerbsfaktor. In G. Krell (Hrsg.), Chancengleichheit durch Personalpolitik, Wiesbaden 2004.

Kuß, A. [2001], Marketing – Einführung, Wiesbaden 2001.

Lang, A. [2000], The Limited Capacity Model of Mediated Message Processing, in: Journal of Communication, S.46 - 70.

Lokad [2015], Abschöpfungsstrategie, verfügbar unter: https://www.lokad.com/de/abschoepfungsstrategie (09.06.2020)

Lucia Clara Rocktäschel [2019], Queerbaiting vermeiden – So sprichst du die LGBT+-Community wirklich an, verfügbar unter: https://www.lucia-clara-rocktaeschel.de/queerbaiting/ (12.06.2020)

Mangold, R. [2014], Werbepsychologie, in: Holland, H. (Hrsg.): Digitales Dialogmarketing, Wiesbaden 2014.

Mangold, R. [2015], Informationspsychologie - Wahrnehmen und Gestalten in der Medienwelt, 2. Aufl., Heidelberg 2015.

Mannschaft Magazin [o.J], Mediendaten Schweiz, Deutschland & Österreich, verfügbar unter: https://mannschaft.com/mediendaten/ (10.06.2020)

Mannschaft Magazin [2014], Die 10 genialsten Gay-Kampagnen, verfügbar unter: https://mannschaft.com/2014/09/30/die-10-genialsten-gay-kampagnen/ (11.06.2020)

Mannschaft Magazin [2019], Homophobie-Vorwurf: Agentur trennt sich von Nivea, verfügbar unter: https://mannschaft.com/2019/07/05/homophobie-vorwurf-agentur-trennt-sich-von-nivea/ (12.06.2020)

Marketing-Schools [o.J.], Diversity Marketing, verfügbar unter: https://www.marketing-schools.org/types-of-marketing/diversity-marketing.html (14.06.2020)

Matthes, J./ Schemer, C./ Wirth, W. [2007] , More than Meets the Eye: Investigating the Hidden Impact of Brand Placements in Television Magazines, in: International Journal of Advertising. 26, Nr. 4, 2007, S. 477–503.

Meffert, H./ Burmann, C./ Kirchgeorg, M./ Eisenbeiß, M. [2019], Marketing – Grundlagen marktorientierter Unternehmensführung, 13. Aufl., Wiesbaden 2019.

Nivea [o.J.], Nivea ist für alle da, verfügbar unter: https://www.nivea.de/neu-von-nivea/fueralleda#die-initiative (12.06.2020)

Pansexuell.de [o.J.], Enge Auslegung „Pansexuell", verfügbar unter: http://www.pansexuell.de/index.php/engerbegriff.html (07.06.2020)

Planet-Wissen [2020], Homosexualität, verfügbar unter: https://www.planet-wissen.de/gesellschaft/sexualitaet/homosexualitaet/index.html (07.06.2020)

Queeraltern [2016], LGBT oder LGBTI oder LGBTQ: Ein Kürzel macht Karriere, verfügbar unter: https://queeraltern.ch/wp-content/uploads/2016/05/Begriffserklaerung.pdf (05.06.2020)

Rainbowfeelings [2019], Sexuelle Orientierung – Was bedeutet eigentlich Femme, Butch, Queer und Pan?, verfügbar unter: https://rainbowfeelings.de/sexuelle-orientierung/ (05.06.2020)

Rennhak, C./ Opresnik, M. [2016], Marketing: Grundlagen, Heidelberg 2016.

Schuster-Zulechner, T. [2016], Diversity Marketing - Notwendigkeit, Chancen und Risiken bei der Einbindung von Diversity Management in Marketing und Kommunikation eines Unternehmens, Wiesbaden 2016.

Shapiro, S./ Krishnan, H. S. [2001] , Memory-Based Measures for Assessing Advertising Effects: A Comparison of Explicit and Implicit Memory Effects, in: Journal of Advertising, 30 (3), S. 1–13.

Sinus-Institut [o.J.], Sinus Milieus Deutschland, verfügbar unter: https://www.sinus-institut.de/sinus-loe sungen/sinus-milieus-deutschland/ (10.06.2020)

Springer Professional [2014], Wie Sie Gay- und Lesbian-Communities erreichen, verfügbar unter: https://www.springerprofessional.de/marketing---vertrieb/wie-sie-gay-und-lesbian-communities-erreichen/6597396 (04.06.2020)

Stadt Wien [o.J.], Definition sexueller Orientierung: Homosexualität, Bisexualität, Heterosexualität, verfügbar unter: https://www.wien.gv.at/menschen/queer/sexuelle-orientierung/definitionen.html (05.06.2020)

Statista [o.J.], Diversity and equality in European companies, verfügbar unter: https://www.statista.com/study/73678/diversity-and-equality-in-european-companies/ (18.06.2020)

Steffenhagen, H. [2000], Marketing. Eine Einführung, Stuttgart 2000.

Stern [2019], Die Kehrtwende von Barilla: Wie der CEO das homophobe Image des Nudel-Imperiums veränderte, verfügbar unter: https://www.stern.de/genuss/essen/barilla--so-wurde-der-nudelhersteller-das-homophobe-image-los-8778306.html (12.06.2020)

Stick and Stones [2017], LGBT, GLBT, LSBTTIQ? Was denn jetzt?, verfügbar unter: https://www.sticks-and-stones.com/lgbt-glbt-lsbttiq-was-denn-jetzt/ (05.06.2020)

Stuber, M. [2003], Diversity-Marketing: Eine Lösung des (scheinbaren) Widerspruchs zwischen Massen- und Individual-Marketing, Verfügbar unter: http://www.diversitymine.eu/wp-content/uploads/downloads/Div-03-Sep-Thexis.pdf (13.06.2020)

Süddeutsche Zeitung [2016], LGBTQI – Was ist das?, verfügbar unter: https://www.sueddeutsche.de/leben/glossar-lgbt-was-ist-das-1.3091327 (05.06.2020)

Süd Westdeutscher Rundfunk [2015], Wenn sich Geschlechterrollen ändern, verfügbar unter: https://www.swr.de/wissen/wird-referenziert/redaktion/06-radio/swr2/article-swr-19732.html (04.06.2020)

The Conversation [2018], Explainer: The difference between transgender an doing drag, verfügbar unter: https://theconversation.com/explainer-the-difference-between-being-transgender-and-doing-drag-100521 (05.06.2020)

Think with Google [2019], LGBT-Marketing: Unternehmen beziehen Stellung, verfügbar unter: https://www.thinkwithgoogle.com/intl/de-de/insights/kreative-inspiration/lgbt-marketing-unternehmen-beziehen-stellung/ (12.06.2020)

Vhs Chorizo [2014], Holger und Max – Iglo Werbung von 2001, YouTube, 20.09.2014, verfügbar unter: https://www.youtube.com/watch?v=HegAvwhmoAE&feature=youtu.be (11.06.2020)

W&V [2019], Diesel feiert abtrünnige Follower, verfügbar unter: https://www.wuv.de/agenturen/diesel_feiert_abtruennige_follower (12.06.2020)

Weißbach, B./ Kipp, A. [2004], Managing Diversity: Konzepte – Fälle – Tools, Wiesbaden 2004]

Welt [2017], Warum zwei Farben der Regenbogen-Fahne einst entfernt wurden, verfügbar unter: https://www.welt.de/vermischtes/article163323082/Warum-zwei-Farben-der-Regenbogen-Fahne-einst-entfernt-wurden.html (07.06.2020)

Welt der BWL [o.J.], Event-Marketing, verfügbar unter: https://welt-der-bwl.de/Event-Marketing (11.06.2020)

Wirtschaftslexikon24 [o.J.], Marktdurchdringung, verfügbar unter: http://www.wirtschaftslexikon24.com/d/marktdurchdringung/marktdurchdringung.htm (09.06.2020)

Zeit Online [2014], Gleichgeschlechtliche Liebe war in Ordnung, Sex verboten, verfügbar unter: https://www.zeit.de/wissen/geschichte/2014-01/geschichte-der-homosexualitaet-schwule-lesben-verfolgung (07.06.2020)